The Art of Living
삶의 기술

삶의 기술 (개정판)

copyright ⓒ 대서출판사 2010

초   판 1쇄 발행 2010년 9월 15일
개정판 1쇄 발행 2011년 8월 25일

지은이 최창국
펴낸이 장대윤

펴낸곳 도서출판 대서
등록 제22-2411호
주소 서울시 서초구 방배동 981-56
전화 02-583-0612 / 팩스 02-583-0543
메일 daiseo1216@hanmail.net

디자인 참디자인(02-3216-1085)

ISBN 978-89-92619-33-2 03230

책값은 뒷표지에 있습니다.
잘못된 책은 교환하여 드립니다.

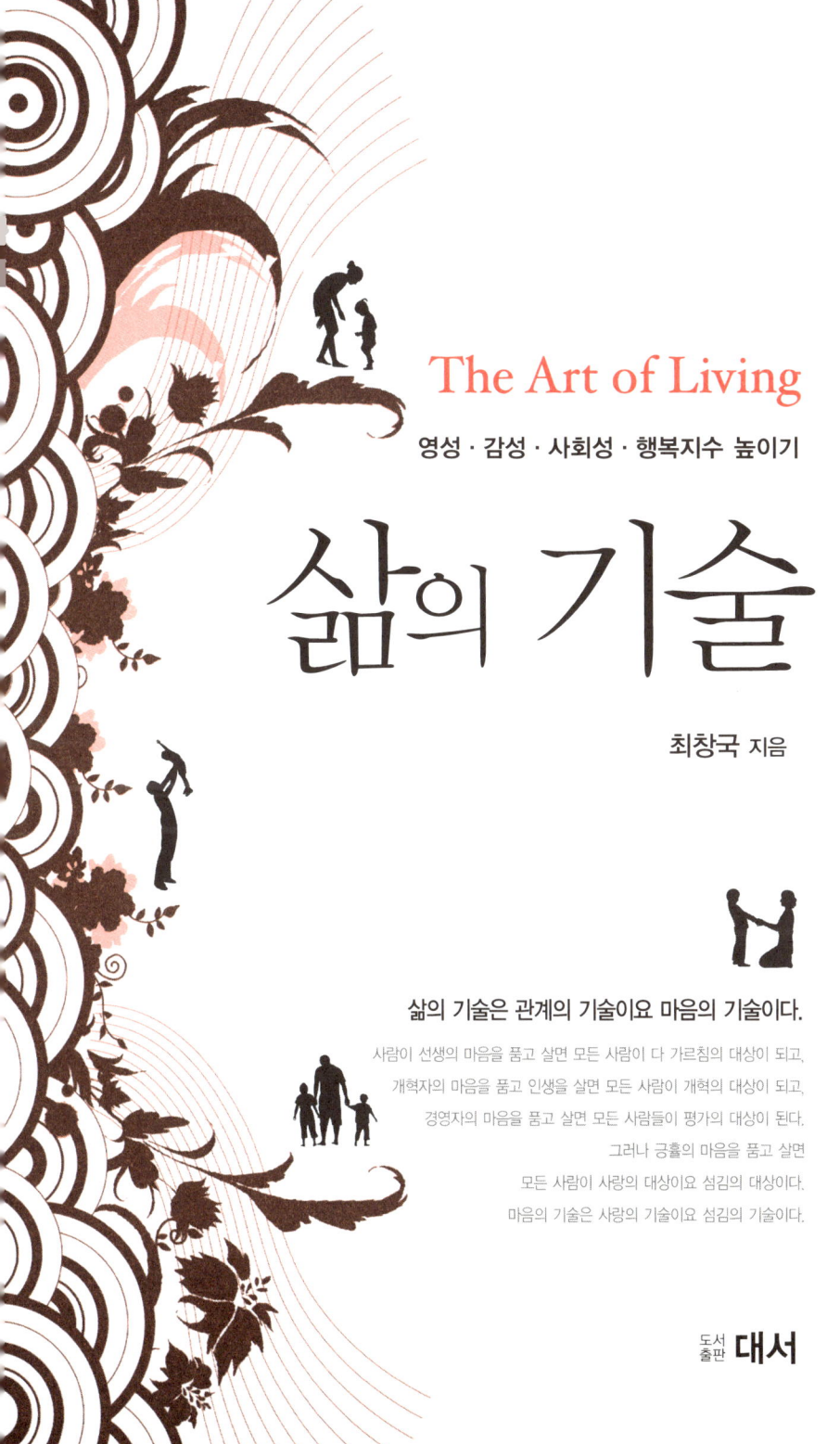

The Art of Living

영성 · 감성 · 사회성 · 행복지수 높이기

삶의 기술

최창국 지음

삶의 기술은 관계의 기술이요 마음의 기술이다.

사람이 선생의 마음을 품고 살면 모든 사람이 다 가르침의 대상이 되고,
개혁자의 마음을 품고 인생을 살면 모든 사람이 개혁의 대상이 되고,
경영자의 마음을 품고 살면 모든 사람들이 평가의 대상이 된다.
그러나 긍휼의 마음을 품고 살면
모든 사람이 사랑의 대상이요 섬김의 대상이다.
마음의 기술은 사랑의 기술이요 섬김의 기술이다.

도서
출판 대서

The Art of Living
머리말

　달라스 윌라드는 인간에게 주어진 도구들을 지성, 감성, 마음, 몸, 사회적 존재, 영혼의 차원으로 이해했다. 지성은 사고 능력을 말한다. 감성은 생각의 대상을 좋아하거나 싫어하게 하는 힘이다. 의지 또는 마음은 새로운 일을 일으키는 역할을 한다. 인간의 몸은 구체적으로 우리가 살아가는 실체이다. 인간은 사회적 존재(social being)이므로 다른 사람과의 관계 역시 인간의 일부이다. 영혼은 위의 모든 요소를 아우르고 통합하는 역할을 하는 동력적인 차원이다. 모두 삶을 위한 도구들이요 선물들이다. 삶의 여정에는 많은 도구들이 주어진다. 하지만 그것들을 사용하는 능력은 다르다. 그것들을 가지고 어떤 이는 자갈을 만들고 어떤 이는 아름다운 조각상을 만들어 낸다. 차이는 바로 기술(art)이다. 노력하지 않기 때문만은 아니다. 그것은 삶의 기술이 부족하기 때문이다. 삶은 노력의 차이를 넘어 기술의 예술이다. 예술성을 지니고 산다는 것은 우리가 무엇을 하든지 도구들을 조화롭게 사용하는 능력을 말한다. 삶의 예술이란 조화를 상실하지 않는 삶이다.

아름답고 깊이 있는 삶을 살았던 사람들은 일상 속에서 신성함을 발견하였던 사람들이다. 일상 속에서 소중한 보석을 캐내어 세공할 줄 알고 감동할 줄 아는 기술을 지닌 사람들이다. 우리는 모두 일상 속에서 밤낮으로 각자의 이야기를 쓰고 있다. 때로는 기쁨 가운데, 때로는 슬픔 가운데, 때로는 고통 중에, 때로는 예배 중에, 때로는 일상생활 가운데 그것을 쓴다. 어떤 기술을 가졌는가에 따라 그 이야기는 달라질 수 있다. 아름답고 깊이 있는 이야기를 쓰는 기술은 관계의 기술이다. 지혜로운 돌봄, 사랑스런 대화, 관계, 배려, 관용 등으로 감동을 주는 이야기를 쓰는 기술이다. 삶의 기술은 관계의 기술이며, 관계의 기술은 경청의 기술이다. 경청은 깊은 영혼의 표지이다.

아름다운 인생, 깊이 있는 인생을 위해서는 삶의 기술(art)이 필요하다. 삶의 기술은 관계의 기술이요, 마음의 기술이다. 사람이 선생의 마음을 품고 살면 모든 사람이 다 가르침의 대상이 되고, 개혁자의 마음을 품고 인생을 살면 모든 사람이 개혁 대상이 되고,

경영자의 마음을 품고 살면 모든 사람들이 평가의 대상이 된다. 그러나 긍휼의 마음을 품고 살면 모든 사람이 사랑의 대상이요 섬김의 대상이다. 마음의 기술은 사랑의 기술이요 섬김의 기술이다.

본 책 『삶의 기술』은 지난 3년 여 동안 제자들 교회를 섬기면서 때로는 고민하며 때로는 연구하며 때로는 묵상하며 때로는 감동하며 썼던 칼럼들이 포함되어 있다. 대학생들의 인성교육을 위하여 연구한 내용도 일부 담고 있다. 이 책은 영성 지수, 감성지수, 사회성 지수, 행복한 삶을 위한 지혜를 제공하기 위해 때로는 삶의 이야기를 때로는 묵상적인 통찰을 때로는 책의 지혜를 사용했다. 기독교인을 대상으로 쓰여 졌지만 비기독교인도 쉽게 읽을 수 있도록 쓰여 졌다. 신학적인 용어 사용은 되도록 피하고 일상의 언어를 주로 사용했다. 일상생활 속에서 삶을 지혜롭고 아름답게 살았던 사람들의 이야기를 많이 다루었다. 일상생활 속의 지혜들과 함께 오늘 우리의 모습을 묵상하며 삶의 지혜를 드러내고자 노력했다.

이 책이 나오기까지 많은 기도와 격려와 도움을 주었던 손길을 잊을 수 없다. 생명신학을 추구하는 백석대학교에서 가르칠 수 있도록 장을 마련해 주신 설립자 장종현 박사님께 감사를 드린다. 또한 지난 3년 동안 격려와 사랑과 기도로 도와주고 삶의 기술을 가슴으로 알도록 도와준 제자들교회 성도들에게 깊은 감사를 드린다. 그리고 학문적 격려와 도움을 아끼지 않으신 백석대신학대학원 교수님들, 부족한 강의를 경청하며 격려해 준 신학대학원과 기독교전문대학원 원우들, 기독교 영성에 관심을 갖고 함께 기도하며 연구하는 살렘 영성 아카데미 콜로키움(Colloquium) 석. 박사 회원들에게 감사드린다. 끝으로 이 책이 나오기까지 기도와 사랑과 격려의 수고를 아끼지 아니한 존경하는 부모님과 사랑하는 아내 은심과 신앙 안에서 아름답게 성장해준 사랑하는 딸 지수와 아들 은찬에게 고마움을 전한다.

2010년 7월

최 창 국

차례

* 머리말_4

chapter 01
영성지수 높이기

영성지수_14
멧돼지와의 대화_22
무신론 교육_25
소록도 사람들을 아름답게 하는 것은 영성이다_29
영원자 당신_32
인생의 주어_35
영혼에 대한 묵상이 없는 사람은 허무하다_37
생명 의식_39
푸코의 경험_43
티테디오스_46
고난이 깊다고 선을 포기해서는 안 된다_49
왕고구마를 만드는 비결_53
충분히 어두울 때라야 별을 볼 수 있다_56
금이 간 항아리_59
강자와 약자_62
은혜의 동의어_66
주인과 하녀 이야기_69
어머니의 예수님_71
십자가에서 끝난 사랑이 아니다_74
유대인의 교육_76

사랑의 기술_79
갈망과 기도_82
기도와 우산 그리고 바지_85
기적을 만드는 재료_89
어느 산이나 정상은 있다_91
우리 동네가 필요로 하는 사람_94
믿음은 체험을 낳는 어머니다_98
본질과 비본질_100
무엇을 묵상할 것인가?_103

chapter 02
감성지수 높이기

감성지수_108
맑은 영혼일수록 감격성이 강하다_113
신판 개미와 베짱이_117
우리가 싫어하는 성격은 자기 안에 있는 성격의 반영이다_120
마음과 정신도 유전된다_122
아빠는 기계를 만드나 엄마는 인물을 만든다_125
이 세상에는 하늘보다 더 높은 것이 있다_129
마음의 정원_132
무형의 자산_135
호수 같은 존재가 되어라_138
동감할 수 없을 때는 공감함으로 품어라_141
예수님은 온몸이 귀였다_143
장점을 보고 축복하라_146
부교감 신경이 작동하게 하자_150
자전거는 페달을 밟아야 넘어지지 않는다_154
긍휼 없는 열정_158

사랑의 힘 _161
모든 성품의 아버지 _164
부부의 정서지수 _167
사랑에도 모양이 있다 _170
빈 상자가 아닙니다 _173
물렁물렁한 혀만 보입니다 _176
일상의 신성함 _179
제자들의 질문 _182

chapter 03
사회성지수 높이기

사회성지수 _186
조덕삼과 이자익 _191
도덕성과 종교성도 유전된다 _196
십리인생 _199
믿음의 이력서 _202
마음 이야기 _205
인생 수업 _208
부모의 사랑은 자녀의 건강을 증진시킨다 _211
유대인들의 공식 _214
우울증과 공동체 _217
기러기 예화 _220
애국심만으로는 부족하다 _223
바라봄의 철학 _225
베리 마르타의 비전 _228
인간의 역사 _230
에스테반에서 일어난 일 _235
버나드 쇼의 이야기 _237

신앙과 문화 _240
정직은 감동과 축복의 원리다 _243
안드레를 찾습니다 _246
바보정신 _249
최고의 청소부 _252
설렁탕집 이야기 _255
소금과 인간 _258
구제의 정신 _261
정직 시험 _265
다름은 축복을 위한 도구다 _268
얼굴과 이력서 _271
언어 _274

chapter 04
행복지수 높이기

행복지수 _280
유머지수 _284
유대인과 안식일 _287
고통의 창조성 _289
제3의 탄생 _293
마시멜로 이야기 _295
인간에게는 두 주머니가 있다 _298
삶을 아름답게 하는 것 _301
21세기에 가장 중요한 가치는 무엇인가? _304
소크라테스의 지혜 _307
그릇의 본질은 수용성이다 _309
링컨과 하버드 _311
세 마디밖에 하지 않았습니다 _315

자식을 사랑한다면 혼자 여행을 시켜라 _317
아름다운 여인 버시 _319
모 멘토리 _322
염려의 80퍼센트는 안 해도 되는 것이다 _325
생각을 가꾸는 지혜 _328
나비와 고치 _331
인생에도 질서가 있다 _334
결혼 공식 _337
초승달과 보름달 _342
한국 교육 세계 1위인가? _345
많이 걷는 사람이 많은 책을 읽는다 _350
꿈도 상품이다 _353

✽ 참고문헌 _357

chapter 1

영성지수 높이기

The Art of Living
영성지수

20세기 초만 해도 지능지수(IQ, Intellectual Quotient)는 인간의 능력을 판단하는 하나의 절대적 표지(signpost)였다. IQ는 논리적 혹은 전략적 문제들을 풀어가는 인지적, 지적 능력을 말한다. 심리학자들이 인간의 이러한 지능을 측정하기 위해 만들어 놓은 IQ 테스트에서 높은 점수를 얻은 사람은 지적 능력이 높은 것이 된다. IQ 테스트와 그 결과는 어느 정도 신빙성이 있어 이에 대한 생각은 아직도 우리를 지배하고 있다. 하지만 인간의 지능을 독립된 개체로서 논리적 문제들을 풀어나가는 지적 능력으로만 평가한다는 비평이 없는 것은 아니다.

IQ를 기준으로 인간의 능력을 평가하는 한계를 인식한 가운데 감성지수(EQ, Emotional Quotient)가 등장하게 된다. 우리는 1990

년대 중엽 EQ라는 새로운 표지와 함께 감성을 중시하는 새로운 시대를 맞이했다. EQ를 제안해 우리의 관심을 불러일으킨 다니엘 골만(Daniel Goleman)에 의하면, EQ는 IQ가 효과적으로 사용되도록 하기 위한 필요조건이다. 감정을 주관하는 부분의 뇌에 이상이 생기면, 생각하는 능력에도 이상을 가져오기 때문이다. EQ는 우리 자신과 다른 사람의 감정을 의식하는 지능을 말한다. EQ는 우리가 공감, 동정, 동기를 부여하고, 고통과 즐거움에 적절하게 대응하는 능력을 말한다.

20세기가 채 끝나기 전에, 우리는 세 번째 'Q' 시대를 맞이하게 되었다. 인간의 지능을 완전하게 평가하려면 영적인 면에 관심을 가져야 한다는 깨달음에 의해 등장한 것이 영성지수(SQ, Spiritual Quotient)이다. SQ는 삶의 의미와 가치의 문제를 풀어가는 지능을 말한다. SQ는 우리가 처한 삶의 상황 속에서 어떻게 폭넓고 풍부한 삶의 의미가 도출될 수 있는가, 어떤 삶의 행로가 우리를 더욱 의미 있게 할 것인가와 관련이 있다. SQ는 IQ와 EQ가 효과적으로 기능하게 하는 필수요건이며, 인간의 궁극적 지능이라고 할 수 있다.

인간은 영적인 존재로서 누구나 근본적이고 궁극적인 질문을 하곤 한다. 나는 왜 태어났는가? 내 삶의 의미는 무엇인가? 무엇이 가치 있는가? 우리는 현실을 뛰어넘을 수 있게 하고 가치를 느낄 수 있게 하는 그 무엇을 늘 동경한다. IQ나 EQ 혹은 둘 다를 합쳐도 인간 영혼의 이러한 동경과 추구는 충분히 설명할 수 없다.

컴퓨터는 높은 IQ를 가지고 있으며, 동물도 때로 높은 EQ를 가지고 있다. 하지만 이들은 주어진 규칙 안에서 '유한한 게임'을 하고 있는 것뿐이다. SQ를 가진 오직 인간만이 창조적으로 왜 이러한 규칙이 있으며, 다른 선택 상황은 없는지에 대해 묻는다. SQ가 있으므로 인간은 도덕성과 초월성 등과 관련된 문제들을 이해할 수 있는 것이다. SQ는 우리로 하여금 선과 악에 대한 질문을 하게 하고, 극한 상황을 극복하고, 제한된 조건을 초월하며, 절망의 순간에도 꿈을 꿀 수 있게 한다. SQ가 가진 이러한 변형적 힘이 EQ와는 다른 점이다. EQ가 우리가 처한 상황을 판단하게 하고 그것에 적당하게 반응하게 하는 것이라면, SQ는 그 상황을 바꾸거나 더 나은 것을 만드는 것과 관련이 있다. EQ가 주어진 상황에 맞추는 것과 관련이 있다면, SQ는 주어진 상황을 이끄는 것과 관련이 있다. 영적으로 무감각해져 있는 현대 사회에서 교회 안과 밖에서 SQ의 중요성을 외치고 있다는 점은 현대인들에게 의미하는 바가 크다.

일찍이 칼 라너는 "신비가가 될지 아니면 무신론자가 될지, 그 결정의 때가 빠르게 우리에게 다가오고 있다"고 했다. 현대인은 신비가가 되든지 불신자가 되든지 둘 중 하나라고 한 라너의 지적은 포스트(post) 그리스도적 상황에 놓여 있는 현대인들에게 중요한 영적 의미를 시사해 준다. 현대인들은 인간적 가치 안에서 사는 것이 살아 계신 하나님 안에서 신앙을 가지고 사는 것보다 훨씬 쉬운 시대에 처해 있다. 이 말은 우리가 가진 것이 그리스도교의 이데올로기지 그리스도교 신앙 자체는 아니라는 뜻으로 생각해 볼 수도 있다. 라너에게 신비라는 말은 어떤 의미에서 그리스도교의 이데올로기를 넘어 그리스도교 신앙, 즉 살아 계신 하나님 안에서 신앙을 가지는 것이라 할 수 있다.

현대 그리스도인들에게 하나의 중요한 문제가 제기 된다. 현대 그리스도인들에게 반신앙 세력들이란 도대체 누구냐는 것이다. 그것은 우리 안과 주변의 좋고 나쁜 모든 것일 수 있다. 그것은 우리가 기도의 삶을 지켜 나가는 정원에서 땀을 흘리지 못하게 가로막고, 우리의 영혼 속으로 깊이 들어가는 용기와 시간을 버리게 하는 것들이다. 신앙을 가로막고 있는 것들은 우리 눈으로 보기에 그 자체로는 아무 흠이 없는, 그야말로 우리에게 익숙하고 편한 수많은 평범한 것들이다. 이러한 현대의 반신앙 세력들 가운데서 어떻게 신비가가 될 수 있을까? 또는 살아 있는 신앙을 가질 수 있을까? 기독교 초기부터 지금 시대까지 한결같이 우리에게 주는 답은 기도를 꼽고 있다. 기독교 전통의 중심 가르침에는 항상 기도가 있었다. 신앙 안에서 자신을 지키고 지탱하기 위해서는 규칙적인 개인 기도를 해야 한다. 규칙적인 개인 기도가 없으면 영혼은 교감하지도, 균형을 유지하지도 못한다. 독일의 하이델베르그 대학에는 "문은 죽이지만 영은 살린다"는 성경말씀이 쓰여 있다고 한다. 기독교는 글로 쓰인 율법의 종교가 아니라 살아 있어 활력 있는 영의 종교다.

기독교 역사에서 특별히 눈여겨보아야 할 하나의 중요한 사실이 있다. 그것은 기독교 역사의 두 번째 천년이 시작되면서 기독교적 지혜 전통은 대학을 근거로 한 더 합리적인 스콜라철학에 그 자리를 내주고 말았지만, 그 이전의 기독교적 인식론은 '하나님에 대해 말하는 것'(theos logia 신학)은 그 출처가 하나님과의 대화인 기도여야 한다고 확신하였다. 스콜라철학 이전에 신학을 하는 방법, 즉 신학적 방법은 본질적으로 지성과 감성, 그리고 의지의 전인을 다하여 생명과 사크라 페지나(sacra pagina, 성경의 성스런 페이지)에 대해 기도하고 묵상하는 것이었다. 성경에 대한 이와 같은 '영적 독서'(lectio divina)는 영적 지혜, 거룩한 생활, 그리고 하나님과 항상 깊어지는 관계를 목적으로 하였다. 스콜라 학파의 철학과 신학의 출현 후 이성적이고 합리적 방법은 현재까지 신학의 지배적인 관념체계가 되었다. 첫 대학들의 설립과 함께(약 12세기) 신학은 수도원을 벗어나 학교(schola)로 향했다. 이 새로운 상황에 대한 반응으로 신학은 영적 지혜를 구하는 기도의 묵상 대신 합리적 지식을 추구하는 하나의 학문이 되었다. 이안 램지(Ian Ramsey)는 "다른 학문 분야는 그들의 논지의 질에 의해 일차적으로 평가받을 것이다. 반면 신학은 신비를 얼마나 잘 지적하는가에 의해 일차적으로 평가받을 것이다. 신학이 주장할 수 있거나 주장할 필요가 있는 자신의 두드러진 역할은 통찰과 신비의 대변인과 수호자로서의 역할이다"라고 하였다.

미국 MIT의 드렉슬러(Eric Drexler) 박사는 나노기술 시대를 말한 미래학자이다. 그의 주장에 의하면, 2030년이 되면 나노기술이 실현되는 시대가 온다고 한다. 이러한 시대가 오면, 위암 말기 환자의 수술이라고 해도 20세기처럼 째고 잘라내고 봉합하는 수술이 아니다. 의사가 나노암 로봇을 피부 속으로 주사하면 나노암 로봇은 의사의 지시에 따라 암세포가 퍼져 있는 주위로 흘러들어간다. 로봇은 분자 신호로 일반 세포와 암세포를 구분한다. 선택적으로 암세포를 찾아 달라붙어 파괴한다. 작업이 끝난 로봇은 스스로 분해해 노폐물로 배출한다. 20세기까지만 해도 암은 죽음에 이르는 병이었지만, 나노기술이 실현되면 암세포를 제거하는 수술은 30분이면 끝나는 간단한 수술 중 하나가 된다. 나노기술이 실현되는 시대가 오면, 구강 청정제를 3분 정도 입에 물고 있으면 알아서 입속의 세균과 노폐물을 구석구석 깨끗하게 분해한다. 미백 효과가 있어 헹구고 나면 이가 반짝반짝 빛이 난다. 양치질이 끝나고 비누 대신 나노 크림을 얼굴에 얇게 펴 바르면 땀구멍 속의 노폐물과 지방이 제거된다. 1분 정도 지나서 물로 씻어 내면 얼굴이 하얘지고 습기를 머금은 채 촉촉해진다. 나노 시대가 오면 옷에 대한 혁신이 일어난다. 옷의 색깔을 굳이 얼굴에 맞추어 고를 필요가 없어진다. 실내에서는 모두 하얀 빛깔 옷이지만 외출하면 빛과 습도 등 조건에 따라 색상이 변한다. 지금은 계절에 따라 얇은 옷과 두꺼운 옷을 구별해서 입어야 하지만 나노 섬유로 만든 옷은 자동으로 온도와 습도를 조절하기 때문에 사시사철 얇고 가벼운 옷을 입어도 추위를 느끼지 않게 된다.

　우리가 공상과학 영화에서나 보던 신기한 일들이 나노 시대가 되면 실현된다고 미래학자들이 말한다. 얼마나 꿈같은 이야기인가! 과학이 이정도로 놀랍다. 인간의 이성이 때로는 무섭다. 하지만 미래학자들은 정신적이고 영적인 진보 없는 물질적·과학적 진보는 결코 축복이 아니라고 말한다. 영적 진보 없는 과학의 진보는 사용하는 이에 따라 위험한 무기로 변할 수 있기 때문이다. 이것은 축복이 아니라 저주일 것이다. 아무리 인간의 과학 문명이 발달할지라도 그것보다 더 중요한 것은 정신이요 영성이다.

　인간은 영적 존재이다. 하나님의 영을 부여받아 생명을 얻은 존재이다. 인간은 창조주와 관계를 맺을 때 진정한 존재의 의미를 찾게 된다. 인간은 창조주 안에 있을 때 아름답다. 영성지수를 높이자. 그래야 아름다운 인생, 복된 인생이 된다.

The Art of Living
멧돼지와의 대화

어릴 적에 가끔 산에 가면 멧돼지를 볼 경우가 있었다. 멧돼지는 도토리나무 밑에서 도토리 몇 개를 주워 먹었다. 도토리가 땅에서 나는 줄 알고 땅을 마구 파헤쳤다. 도토리가 땅에 떨어져 있기 때문에 땅에서 나는 줄 알았던 것이다. "도토리는 땅에서 나오는 것이 아니고 나무에서 떨어진 것이야"라고 말해 주고 싶었다. 하지만 말이 통하지 않아 그냥 지켜보아야만 했다. 인생의 문제는 눈에 보이는 땅의 문제만은 아니다. 마음의 문제요 하늘의 문제다. 사람이 아무리 달걀을 품어도 병아리가 나오지 않는다. 인내의 은사를 받은 사람이 210일 동안 달걀을 품어도 병아리가 되지 않는다. 계란이 깨지든지 썩든지 둘 중의 하나이다. 어미 닭이 품으면 병아리가 나온다. 누가 품느냐가 중요하다.

러시아가 낳은 세계적인 작가 톨스토이는 어려서부터 기독교 집안에서 자랐다. 그러나 그는 기독교를 자유나 해방이 아닌 무거운 짐으로 인식한 나머지 청소년 시절 홀연히 종교로서의 기독교를 떠난다. 그 후 오랜 세월이 흐른다. 인생의 말년에 그는 다시 무거운 짐을 지고 그리스도 앞으로 나온다. 그의 나이 55세에 기록한 『신앙론』에서 톨스토이는 이렇게 고백했다. "나는 지난 55년을 살아오는 동안 최초의 15년을 빼놓고는 기쁨이나 행복이나 안식을 알지 못하고 살아왔다. 내가 18세 되던 해 한 친구는 내게 찾아와서 신이 인간을 만든 것이 아니라 인간이 신을 만들었다고 나를 설득했고, 나는 그 설득에 매료되어 이 종교를 버리기로 결심했다. 종교를 포기하는 것이 자유라고 생각했다. 종교를 포기하는 것이 안식이라고 생각했다. 나에게 종교는 분명히 속박처럼 느껴졌기 때문이다. 그러나 이제 내 나이 55세, 나는 내가 내어버린 어머니 품 같은 신앙의 품으로 돌아온다. 나는 이제 단순히 종교로 돌아온 것이 아니라 그리스도께로 돌아온 것이다. 그리고 그리스도 안에서 나는 생애 처음으로 진정한 안식을 발견했다."

10년 동안 암으로 투병 생활을 하다가 소천하신 한 권사님의 이야기다. 긴 투병 생활로 인해 뼈가 약해져 조금만 잘못해도 뼈가 쉽게 부러졌다. 너무나 고통스러워 믿음 좋은 권사님도 울지 않을 수 없었다. 목사님이 심방을 가면 붙들고 엉엉 울었다. 그 모습을 보면서 목사님도 함께 울었다. 고통스런 순간을 보내야만 했던 권사님의 고백이다. "그 고통스런 순간에 부를 수 있는 이름이 하나님밖에 없었어요." 고통의 순간에 부를 수 있는 이름, 그 이름이 하나님밖에 없었다는 고백이 우리를 숙연케 한다. 고통의 순간에 부를 수 있는 이름은 아내의 이름도 남편의 이름도 아니다. 이것이 우리 인생이다.

The Art of Living
무신론 교육

옛날 러시아의 한 장교가 사병들에게 무신론 교육을 하고 있었다. 그는 병사들에게 하늘을 쳐다보게 한 후 "하나님이 보이냐"고 물었다. 병사들이 보이지 않는다고 대답을 하자 그는 "그것 보시오. 하나님은 어디에도 없소"라고 빈정거렸다. 그때 한 병사가 앞으로 나가더니 손가락으로 장교의 머리를 가리키면서 물었다. "여러분, 이 장교의 뇌가 보입니까? 안 보입니까?" 병사들이 안 보인다고 대답을 하자 그 병사는 "여러분, 이 장교는 골 빈 장교입니다"라고 했다. 인간은 눈에 보이는 것만으로 사는 존재가 아니다.

이어령 박사의 경험은 인간의 삶이 눈에 보이는 것에만 의존되지 않음을 일깨워 준다. 그의 딸은 일찍이 미국으로 유학가서 로스앤젤레스 지방검사와 변호사가 되었다. 그러나 92년에 갑상선

암 판정을 받아 수술했지만 96년과 99년 두 차례 암이 재발했다. 유치원에 들어간 딸의 아들까지 특수 자폐 병을 앓게 된다. 그의 딸은 설상가상으로 망막이 손상되어 거의 앞을 볼 수 없었다. 그의 딸은 고통의 세월 10년간 울지 않고 잠이 든 적이 거의 없었다. 딸의 고통 앞에서 내놓은 이어령 박사의 고백은 우리의 삶을 되돌아보게 한다. "딸의 고통 앞에서 아버지가 해 준 것은 아무것도 없었지만 딸이 오랫동안 믿어온 하나님은 기쁨을 주고 상처를 치유해 줬다. 딸이 믿는 대상에 대해 지성이 아닌 경배의 대상으로 다가가고, 그런 믿음을 딸과 함께 공유하고 싶다."

공기가 있지만 볼 수 없고 전자파가 있지만 만질 수 없듯이 우리 눈에 보이지 않는다 할지라도 신은 여전히 존재한다. 먹구름이 끼면 잠시 동안 해가 보이지 않지만 결코 해가 없어진 것은 아니다. 우리 눈에 보이지 않는다 할지라도 신은 여전히 존재한다. 세상에는 두 종류의 사람이 있다. 하나는 보이는 것만 볼 수 있는 사람이고, 다른 하나는 보이지 않는 것도 볼 수 있는 사람이다. 이 세상의 모든 사람은 가시의 세계의 영향을 받으며 살아간다. "보는 것이 믿는 것"이라는 서양의 속담도 있듯이 자신이 보지 못한 것은 믿지 않으려는 경향이 있다. 하지만 어떤 사람은 보이는 세계의 지배를 받으며 살아가고, 어떤 사람은 보이지 않는 세계도 보며 살아간다. 이 세상에는 지성의 세계에만 머무르는 사람도 많지만 영성의 세계로 나아가는 사람도 많다.

　40여년 전 프랑스에서 많은 학자가 모였다. 주제는 세계화였다. 세계화를 위한 방법을 놓고 토론이 벌어졌다. 어떻게 세계화를 할 것인가? 세계화를 위해 싸울 수도 없고, 하나로 통일하여 움직여야 되는데 누구를 중심으로 움직일 것인가? 각 나라의 학자마다 추종하는 사람을 추천하고 연대를 계산했다. 이러다가는 안 된다는 결론이 났다. 그렇다면 세계 역사상 가장 많은 영향을 끼친 사람을 과학적으로 분석해 보고 그분을 중심으로 세계의 달력과 시간을 맞추자고 했다. 그 과학적 결론이 예수 그리스도였다.

　세상에는 하나님과 천국이 있다고 믿는 사람도 많지만 그 반대인 사람도 많다. 그렇다면 누가 지혜로운 사람인가? 하나님과 천국이 있다고 믿는 사람인가, 없다고 믿는 사람인가? 이 근본적인 물음에 종교적인 신념과 믿음으로만 답하는 것은 종교적 믿음이 없거나 약한 사람들에는 설득력이 없다. 일찍이 이 종교적 질문에 『팡세』의 저자 파스칼이 고민했던 바이기도 한데, 산술적으로 생각해 보는 것도 좋은 방법일 수 있다. 하나님과 천국의 존재에 대한 사람들의 믿음은 3가지 유형으로 분류해 볼 수 있다. 첫째는 하나님과 천국이 있다고 믿는 사람들이다. 둘째는 하나님과 천국이 없다고 믿는 사람들이다. 셋째는 죽어 보아야 안다고 믿는 사람들이다. 산술적으로 접근해 보자. 죽은 후에 하나님과 천국이 없을 때, 하나님과 천국이 있다고 믿었던 사람이나 없다고 믿었던 사람 모두 본전이다. 왜냐하면 죽은 후에 어떤 문제도 발생하지 않았기 때문이다. 믿었던 사람이나 믿지 않았던 사람 모두 손해 볼 것도, 이익 볼 것도 없기 때문이다. 그러나 하나님과 천국이 있다면, 있다고 믿었던 사람은 천국이요 축복이지만 없다고 믿었던 사람은 지옥이요 저주다. 엄청난 손해다. 산술적으로 생각해 보아도 하나님과 천국이 있다고 믿는 사람이 더 지혜로운 사람이다.

The Art of Living
소록도의 사람들을
아름답게 하는 것은 영성이다

　소록도에 가면 손가락 없는 나환자들이 감격의 찬양을 드리는 모습을 볼 수 있다. 기쁨으로 찬양하는 그분들에게 믿지 않는 사람들이 이런 질문을 자주 한다고 한다. "도대체 당신들에게 그런 기쁨과 감격을 갖게 해주는 비결이 무엇입니까?" 그럴 때 그분들은 이렇게 간증한다고 한다. "예수 그리스도에 대한 믿음 때문입니다." 사람들이 종교에 대해 종종 잘못 생각하는 경우가 있다. 종교를 아편과 동급으로 여기는 경우다. 종교도 허물이 있을 수 있고 장점만 있는 것은 아니다. 이 세상에 존재하는 모든 존재는 유한하고 허물이 있다. 허물이 없다면 신이다. 허물이 있다 하여 종교의 모든 것을 부정하는 것은 더러워진 목욕물 때문에 목욕탕 안에 있는 아이를 함께 버리는 것과 같다. 목욕물과 함께 아이를 버리는 사람은 지혜로운 사람이 아니라 어리석은 사람이다. 자녀가 허물이 있기 때문에 자녀를 버리는 부모는 없다. 소록도의 사람들을 아름답게 하는 것은 물질과 지성이 아니라 영성이다. 영성이 있는 사람은 아름답다. 영성은 고난을 이기게 하고 슬픔을 이기게 하고 성실하게 한다. 영성은 인간을 아름답게 하는 힘이요, 성실하게 하는 힘이요, 전진하게 하는 힘이다.

영국의 잔 월턴은 26살 때까지 아무 목적도 방향도 없이 인생을 살았다. 방랑 생활을 하다가 깨달은 바가 있어 술 담배를 끊고 아주 작은 가게에서 점원 생활을 시작했다. 그리고 교회에 나가기 시작했다. 하루는 "겨자씨만한 믿음이 있으면 산을 옮기라고 하여도 옮길 것이요" 하는 설교를 듣고 다짐했다. "그렇다. 내가 아주 작은 겨자씨만한 믿음만 있다면 불가능이 없는 삶을 살 수 있다고 하지 않았는가? 그렇다면 나에게도 얼마든지 성공할 수 있는 기회는 주어져 있다." 다음 날부터 그는 겨자씨를 주머니에 넣고 다녔다. 평생 동안 겨자씨를 호주머니에 넣고 다녔던 그는 유명한 실업가로 크게 성공하여 71세에 은퇴할 때 영국 엘리자베스 2세로부터 기사 작위를 받을 정도로 존경받는 인물이 되었다. 사람들이 그에게 물었다. "당신은 왜 항상 겨자씨를 포켓에 넣어 가지고 다

납니까?" 월튼은 "내가 좌절할 때마다 이 겨자씨를 내어보며 '하나님이 겨자씨만한 믿음이 있다면 못하는 것이 없다고 말씀하셨는데 과연 나에게는 겨자씨만한 믿음이라도 있는가?' 이렇게 나를 돌이켜 보며 다시 용기를 얻었습니다"라고 고백했다. 영성은 인간에게 겨자씨와 같은 것이다. 영성은 소망을 기르는 힘이요 삶을 아름답게 하는 힘이다.

The Art of Living
영원자 당신

    윌리엄 제임스는 "인간의 본성 속에 가장 깊이 자리 잡고 있는 것은 진가를 인정받고 싶어 하는 열망이다"라고 했다. 우리는 누군가가 나를 인정해 주면 그를 좋아한다. 다른 사람의 인정을 받을 때 내가 필요한 존재라는 사실을 깨닫는다. 인간을 관찰해 보면 누구에게나 선한 성품이 있다. 인간은 무엇보다도 자신 안에 있는 선한 성품에 대해 인정과 칭찬받기를 원한다. 우리가 사람들을 대할 때 가장 주의해야 할 것은 어떤 사람의 근본을 의심하는 것이다. 누구나 실수할 수 있다. 헨리 포드는 "가장 좋은 친구란 내 안에서 최상을 이끌어 내는 사람이다"라고 했다. 19세기 독일 시인 룩카트는 "참된 우정은 뒤에서 보나 앞에서 보나 한결같아야 한다. 앞에서 보면 장미, 뒤에서 보면 가시와 같은 것은 이미 우정이 아니다. 참다운 우정은 생애의 마지막 날까지 변하지 않는다"고 노래했다. 어느 누구도 자기 허물을 드러내는 사람을 좋아하지 않는다. 누군가가 우리 앞에서 남의 허물을 이야기할 때 그 사람이 다른 사람 앞에서 나의 허물을 이야기할지도 모른다는 생각을 하게 된다. 반대로 누군가가 우리 앞에서 남을 칭찬할 때 그가 다른 이들에게 나를 칭찬할 것이라는 기대를 가지게 된다. 이 모든 진술의 답은 관계다.

근세의 유명한 철학자 마르틴 부버가 『나와 너』라는 책을 통해 현대인들에게 깊은 충격을 던져 주었다. 부버는 그의 책에서 인관관계를 세 가지로 진단했다. 하나는 "그것과 그것의 관계"이다. 생명과 인격이 없는 무인격의 관계로 전락한 관계이다. 물건처럼 서로를 이용하는 관계다. 부버는 또 하나의 관계를 "나와 그것의 관계"로 규정했다. 상대방이 나를 물건처럼 이용해도 나는 상대방을 끝까지 인격으로 대할 때 "나와 그것의 관계"가 성립이 된다. 그러나 인간의 관계는 "나와 너"의 관계로 발전하지 않으면 안 된다고 했다. 나도 너를 인격으로, 그리고 당신도 나를 인격으로 대하는 관계다. 부버의 이야기는 여기서 끝나지 않는다. 내가 너를 인격으로 믿어 주고 네가 나를 인격으로 믿어 주어도 우리들 사이에는 언제나 그 인격적인 관계가 깨질 수 있는 긴장이 있다. 인간의 연약함 때문이다. 때문에 나와 너 사이에는 언제나 하나의 촉매자가 필요하다. 부버는 그 촉매자를 "영원자 너(당신)"라고 했다. 켈틱 격언에 "영혼의 친구가 없는 사람은 머리가 없는 몸과 같다"고 했다. 그리스도인들에게 "영원자 당신"은 바로 예수 그리스도이다.

The Art of Living
인생의 주어

희랍어로 인간은 '호모 사피엔스'다. '인간은 생각하는 존재'라는 뜻이다. 인간은 또한 '호모 로쿠엔스'다. '인간은 도구를 다루는 존재'라는 뜻이다. 인간은 '호모 에스페란스'라고도 한다. '인간은 희망을 먹고 사는 존재'라는 뜻이다. 인생의 젊음은 막 피어나려는 꽃나무의 꽃봉오리와 같다. 그래서 희망이 넘친다. 벤자민 프랭클린은 "여러 가지 일을 시도하는 사람은 많은 실수를 한다. 그러나 그는 가장 큰 실수인 아무것도 하지 않는 실수는 범하지 않는다"라고 했다. 유일한 젊음의 치명적인 실수는 아무것도 하지 않는 실수이다. 희망을 버리는 것이다. 젊은이들에게 악마는 뿔이 달리고 작살과 같은 무서운 꼬리를 가진, 그리고 잡아먹을 듯이 노려보고 있는 그러한 괴물이 아니다. 도전 정신도 없이 그저 맥이

쭉 빠져 있는 상태, 태만과 아무것도 하지 않는 것, 자유와 정의와 진리를 추구하려는 모험 정신을 포기하는 것, 이것이 현시대에 젊음을 앗아 가려는 악마다. 거북이는 목을 앞으로 내민 때만 전진한다. 젊은이가 목을 움츠리면 아름다운 꿈을 향해 전진할 수 없다.

젊다는 말은 싱싱하다는 말이기도 하다. 인생의 젊음은 싱싱한 잎의 상태와 같은 때다. 그래서 '청년'이라고 부른다. 하지만 젊은이가 기억해야 할 것이 있다. 잎은 오래지 않아 떨어진다. 잎은 떨어지기 전에 하나의 의무가 부여된다. 열매 맺는 일이다. 슈바이처는 유복한 목사님 가정에서 태어났다. 그는 자라면서 동창생들의 가난을 보고 가슴 아파했다. 자신의 행복과 타인의 불행, 이것을 인생의 당연한 사실로 받아들일 수 없었다. 그는 불행한 사람들을 위해서 봉사하겠다고 생각했다. "30세까지는 나 자신을 위해 살자. 그러나 30세 이후부터는 남을 위해 살자." 21세 나이에 슈바이처가 품었던 이상이자 목표였다. 인생의 문장에서 나가 주어가 되면 시야가 좁아진다. 인생의 문장에서 그리스도와 이웃이 주어가 되면 시야가 넓어진다.

The Art of Living

영혼에 대한 묵상이 없는 사람은 허무하다

　미국 대통령 선거 역사에서 클린턴이 최근 수십 년 동안 민주당 대통령으로서는 처음으로 재선에 성공했다. 사람들은 "어떻게 클린턴 같은 사람이 재선할 수 있었을까?" 이렇게 생각했다. 클린턴은 당시 화이트 워터 사건이라 불리는 부동산 투기 의혹을 받고 있었다. 아소칸 주지사 시절의 부동산 부정 투기 건으로 공격을 받고 있었다. 클린턴에게는 여성 스캔들이 끊이질 않았다. 클린턴의 한 친구는 대학 시절 클린턴과 함께 부정행위를 했다고 폭로했다. 클린턴은 군대도 가지 않았다. 면제가 아니고 일부러 가지 않았다. 그런데 클린턴이 재선되었다. 멋진 참모 덕분이었다. 클린턴 정부의 비서실장이었던 어스킨 보울스는 1992년부터 클린턴을 보좌하면서 클린턴에게 대통령이 갖출 지식을 알려 주었다. 원래 클린턴은 말을 아끼지 않았다. 언론 앞에서 거침없이 말했다. 말에 실수가 많았다. 클린턴은 집무 시간의 22퍼센트를 보좌진과 회의하고 사진 찍는 일로 시간을 보냈다. 보울스는 회의 시간을 10퍼센트 이하로 줄이고 클린턴이 홀로 생각할 수 있는 시간을 35퍼센트로 늘렸다. 클린턴이 비전을 품고 묵상할 수 있는 시간을 늘렸다. 1년 만에 클린턴은 옛날의 클린턴이 아니라 새로운 클린턴이 되어 존 F. 케네디 이후에 가장 뛰어난 명문장을 직접 작성해서 명연설을 했다고 한다. 사색의 중요성과 묵상의 중요성을 일깨워 주는 이야기다.

무엇을 묵상하느냐는 인간에게 중요하다. 영혼에 대한 묵상이 없는 사람은 허무하다. 진지한 인생, 깊이 있는 인생을 위해서는 묵상이 필요하다. 묵상은 진리에 대한 말 없는 열정이요 영혼을 사모하는 마음이다. 내 영혼이 은혜를 사모하는 마음이 없다면 고아다. 밝은 낮에는 고아와 자녀가 함께 놀이터에서 논다. 그러나 밤이 오면 고아는 갈 곳이 없다. 밤을 맞아 보면 안다. 인생의 밤이 올 때 영혼의 아버지가 있는 사람들은 아버지 집을 찾아가지만 고아는 갈 곳이 없다.

The Art of Living
생명 의식

　어느 커다란 포도원을 가진 농장 주인이 자기 포도원에서 일할 일꾼들을 구하려고 아침 일찍 장터에 나갔다. 그 당시 경제 사정은 아주 절박했다. 그런 이유로 많은 사람이 일자리를 얻지 못하고 있었다. 장터에 나가면 자기를 부려 줄 주인들을 찾고 있는 일꾼들이 여기저기서 서성대는 모습을 얼마든지 볼 수 있었다. 포도원 주인은 오전 1시쯤 장터로 나가서 일꾼들과 고용 계약을 맺고 데려왔다. 유대 시간으로 오전 1시면 우리 시간으로는 아침 7시 정도다. 그 후 9시, 12시, 오후 3시, 그리고 마지막으로 오후 5시쯤 포도원 주인이 시장에 나가 보니 일을 하지 못하고 놀고 있는 이들이 있어 데려왔다. 그리고 모든 일꾼에게 똑같은 품삯을 주었다. 그러자 앞서 온 일꾼들이 불만을 터뜨렸다. 손해 보았다고 생각했다. 그리고 낙담했다. 이른 아침에 한 번만 일꾼을 모집하여 하루가 끝나 일당 한 데나리온씩을 받고 끝났다면 아무런 문제가 없었을 것이다. 그런데 11시에 와서 일을 한 자도 자기와 똑같이 일당을 받았다.

우리는 이 비유에서 비교 의식으로 가득 찬 인간의 모습과 생명 의식으로 가득 찬 주인의 모습을 발견한다. 뒤늦게 온 사람들과 비교해서 하루 종일 수고한 자신들에게 보다 나은 권리가 주어져야 한다고 여기는 사람들의 모습과 날이 저물도록 일거리가 없어 방황하고 있는 이들을 살피는 주인의 모습이다. 주인은 일거리가 없는 이들에게 "왜 그러고 있는가"라고 물었다. 일을 하지 않으면 생명의 위협을 받는 자들에게 물은 것이다. 이들이 날이 저물도록 시장에 있었던 것은 일할 의향이 없고 게을러서가 아니었다. 일을 하고 싶어도 일할 자리가 없어 일을 못하고 있던 것이다. 먼저 온 이들은 늦게 온 자들의 고통을 이해하지 못하고 있었다. 앞서 온 자들도 주인이 불러 주지 않았으면 장터에서 놀고 있어야 했을 것이다. 아무리 능력이 출중하다 해도 주인의 부름이 없으면 그들 역시 날이 저물도록 장터에서 그냥 있어야 했을 것이다. 능력은 기회를 얻어야 발휘되는 것이다. 능력이 없어도 기회가 주어지면 그 능력이 자라날 수 있는 가능성을 얻게 되는 것이다. 따라서 먼저 온

자들이 해야 할 말은 "우리를 불러 주셔서 일하도록 해 주신 것에 감사드립니다"이다. 일이 다 끝날 즈음에라도 와서 간신히 생명의 양식거리를 마련하게 된 다른 일꾼들의 기쁨을 시비할 일이 아니다. 도리어 주인에게서 놀라운 관대함과 은혜를 발견해야 했다.

사람은 누구나 존엄한 생명의 권리를 가지고 있다. 이것을 지켜 주고 존중해 주는 마음이 가득할 때 우리 모두에게 새로운 인생의 활로가 펼쳐지게 될 것이다. 해가 서산에 기울고 있는데 장터에서 마음 졸이며 서성이고 있는 사람들의 마음을 읽을 줄 알아야 한다. 그들에게 따뜻한 손길을 내밀지 않는다면, 우리 공동체는 으뜸이 되고자 하나 정작 그와는 반대로 되고 말 것이기 때문이다. 포도원 비유는 오늘 우리를 위한 비유이다.

어느 날 테레사 수녀 사무실에 한 남자가 찾아왔다. 그는 머뭇거리며 겨우 말을 꺼냈다. "누군가가 이곳에 가면 도움을 줄 거라고 해서 왔습니다. 실은 이웃에 며칠째 굶고 있는 힌두교 가정이 있는데 그 집에는 아이들이 여덟 명이나 됩니다. 저는 더 이상 도울 힘이 없으니 도와주십시오." 사정을 알게 된 테레사 수녀는 당장 일어나서 쌀을 가지고 그 집을 찾아 갔다. 그 집에는 정말 올망졸망한 아이들이 굶주림에 지쳐 있었다. 테레사 수녀는 그들의 어머니에게 쌀을 내밀었다. 쌀을 받은 그 어머니는 무척 고마워하면서 쌀을 받자마자 반을 뚝 나누더니 집 밖으로 들고 나가는 것이었다. 그리고 다시 돌아온 그녀는 빈손이었다. 테레사 수녀는 놀라서 쌀을 어디다 두었느냐고 물었다. 그러자 그 여인은 자기 옆집에 회교도가 살고 있는데 그 집 아이들도 며칠째 굶고 있어서 주었다고 했다. 테레사 수녀는 또 한 번 놀랐다. 그 쌀은 나눌 만큼 많은 양도 아니었고, 더구나 힌두교인들은 회교도와 원수처럼 지내는데 그들을 도왔기 때문이다. 더욱 놀란 것은 그 말을 들은 아이들 역시 조금도 아까워하거나 실망하지 않고 당연하다는 표정을 짓는 것이었다. 훌륭한 어머니에게서 진정한 사랑이 무엇인지를 잘 배운 까닭이다.

The Art of Living
푸코의 경험

    프랑스가 낳은 위대한 수도사였던 샤를르 드 푸코는 1858년 프랑스 스트라스부르그에서 태어났다. 불행하게도 어린 나이에 양친을 여의면서 그는 신앙의 길에서 떠나게 된다. 육군사관학교에 진학, 장교가 되어 북아프리카에서 일어난 반란군 진압에 참여하게 된다. 상관의 명령에 따라 반란군의 심장을 겨누어 총을 쏘면서 그는 인생에 큰 회의를 갖게 된다. 그 후 그는 군을 떠나 학자의 길을 걷다가 기독교로 귀의한다. 오랜 기간 동안 수도원 생활을 거쳐 그의 나이 43세가 되던 1901년 신부 서품을 받은 후, 당시 세상에서 가장 버림 받은 사람들이 살고 있다고 여겨졌던 아프리카 사하라의 베니아베스로 들어갔다. 1916년 12월 한 토착민이 쏜 총에 맞아 숨질 때까지 15년 동안 그곳 원주민들과 더불어 살면서 그들에게 복음을 전했다. 어느 날 푸코는 나무를 보면서 깊은 깨달음을 얻게 된다. 나무는 떨어지는 자신의 잎이나 부서져 나가는 가지에 대해 아무런 염려를 하지 않았다. 떨어지지 않으려고 기를 쓰거나 떨어지는 것을 잡으려고 몸부림하지도 않았다. 나무를 보면서 전능하신 창조주 하나님을 믿는 자들이 세상 것 때문에 염려하고 절망한다는 것은 스스로를 하찮은 나무보다도 못한 존재로 전락시키는 것이라고 생각하게 된다. 이런 경험이 그를 고민하게 만들었다. 하나님을 믿는 자에게 가장 어려운 것이 무엇인가에 대한 질문을 스스로에게 던지고 그에 대한 답변을 이렇게 썼다. "하나님을 믿는 자에게 가장 어려운 것은 하나님을 믿는 것이다." 그는 또한 "하나님을 믿는 자에게 가장 부족한 것이 있다면 그것은 하나님을 향한 신앙이다"라고 했다. 푸코는 그리스도인들이 결정적일 때 오히려 비신앙적으로 살아가는 이유를 두 가지로 진단했다. 첫째는 결정적인 순간에 하나님을 보기보다는 자기 자신을 보기 때문이요, 둘째는 하나님보다는 내 눈앞에 펼쳐진 상황을 더 크게 보기 때문이다.

    진짜 향나무와 가짜 향나무의 차이가 언제 드러나는가? 도끼에 찍히는 순간이다. 진짜 향나무는 찍힐수록 향기를 더욱 진동하지만 가짜는 찍힐수록 도끼날만 상하게 한다. 생화와 조화의 차이는 어디에 있는가? 진짜 꽃잎은 떨어지지만 인조 꽃잎은 아무리 세월이 흘러도 떨어지지 않는다. 진짜 꽃은 벌이나 나비에게 기꺼이 꿀을 빼앗겨 주고 나누어 주지만 모조 꽃은 떨어지거나 빼앗길 것을 아예 소유하고 있지 않다. 우리가 하나님을 믿는 자인가 아닌가는 평소에는 판가름 나지 않는다. 내 뜻이 찍히고 깨어져 나갈 때 하나님을 의지하고 믿는 신앙이 진짜 신앙이다.

The Art of Living
티테디오스

초대교회 역사를 보면 그리스도인의 이름 앞에 '티테디오스'(titedios)라는 별칭이 붙어 있는 경우가 많다. 바울을 그냥 바울이라고 하지 않고 '티테디오스 바울', 요한도 '티테디오스 요한'이라 불렀다. '티테디오스'란 '염려하지 않는 사람'이란 뜻이다. 초대교회 성도들은 왜 자기 이름 앞에 '티테디오스'란 말을 붙이기를 좋아했을까? 초대교회 그리스도인들도 염려를 안 할 수는 없었지만 염려를 덜하며 사는 것을 그리스도인의 증거로 삼았다. 우리 조상들은 가난할지라도 밥 한 그릇을 앞에 놓고 감사하며 기도를 드렸다. 이런 신앙을 가지고 살았던 분들이 우리 선진들이었다. 우리는 현재 어떻게 살고 있는가? 한국 사람들은 하루에 8시간 일하고 7시간 근심하고 염려하면서 살아간다는 흥미 있는 보고가 있다. 모든 인간은 예외 없이 인생의 소용돌이 속에서 마음의 상처를 받는다. 그리스도인도 예외일 수 없다.

성경에서 '염려'에 해당하는 헬라어는 '메림나오'다. 메림나오란 '질식시키다'는 의미이다. 또한 '분열되다', '나뉘다'의 뜻이기도 하다. 지나친 염려와 근심과 걱정은 우리의 마음을 분열시키고 마음의 평화를 앗아간다. 제2차 세계대전 당시 전쟁터에서 죽은 청년의 수가 30만 명이었다고 한다. 아들과 남편을 전선에 내보내고 염려와 불안과 근심 가운데 빠져 심장병으로 죽은 미국 시민들이 100만 명을 넘었다고 한다. 루마니아의 공산주의 체제에서 박해를 받던 범 브란트 목사님이 옥중에서 성경을 읽다가 두려워 말라는 내용이 수없이 기록된 것을 보고 횟수를 세어 보았다. 신기하게도 365번 기록되어 있었다. 이 숫자는 1년 365일과 같은 숫자다.

염려할 수밖에 없는 세상 속에 살면서도 염려를 주님께 맡기는 사람들이 바로 그리스도인들이다. "아무것도 염려하지 말고 다만 모든 일에 기도와 간구로, 너희 구할 것을 감사함으로 하나님께 아뢰라. 그리하면 모든 지각에 뛰어난 하나님의 평강이 그리스도 예수 안에서 너희 마음과 생각을 지키시리라." 모세는 출애굽하여 가나안을 향해 갈 때 앞도 막히고 옆도 막히고 뒤도 막히는 막막한 상황 가운데서도 위를 바라보고 기도했다. 우리에게는 언제나

위가 열려 있어야 한다. 모세가 바다를 바라보지 않고 위를 바라볼 때 홍해가 갈라졌다. 인생길에서 염려를 푸는 열쇠는 염려가 아니라 기도와 간구이다. 이 지혜가 우리에게 필요하다.

The Art of Living

고난이 깊다고
선을 포기해서는 안 된다

　사람이 살다 보면 고생을 하지 않는 자가 드물고, 그러다 보면 어느덧 자아가 깊게 병들어 갈 수 있다. 그렇지만 고생을 적게 했느냐 많이 했느냐가 그 사람의 인간적 성품을 가늠하는 결정적인 근거가 되지는 못한다. 중요한 것은 이 고난을 그가 어떻게 품고 소화했는가 하는 것이다. 고난의 구덩이에 빠져 누구도 그를 보호해 줄 수 없는 지경에 처하면 인간은 다름 아닌 자기 자신을 가장 최초로 만나게 된다. 불확실한 운명의 사슬에 묶인 자신을 여지없이 발견하게 된다. 하지만 그 고난의 자리에 무엇이 들어서는가가 중요하다. 고난의 중심에서 생명의 참된 주를 모시는 일에 성공하는 이는 새롭게 산다. 그렇지 못하면 인생은 열등감과 분노, 그리고 원한에 사로잡혀 피폐해질 수밖에 없다. 고난의 밤은 고난이 꺾을 수 없는 영혼의 아름다움과 성숙을 경험할 수 있는 기회이기도 하다. 폴 투르니에는 "사람의 성숙은, 성공보다도 실패나 시련을 거쳐서만 실현될 수 있다"고 역설했다.

성경에서 만나게 되는 요셉이 그 대표적인 인물이다. 아버지의 집에서는 그토록 귀한 아들이 형들의 흉악한 술수로 이국땅에서 졸지에 노예가 되고, 주인 아내의 모함으로 옥에 갇히는 동안에 의당 생겼을 법한 가파르고 메마른 성격이 전혀 보이지 않는다. 그는 그 고난의 과정에서 빈궁의 뼈아픈 눈물을 아는 자였고, 고생하는 사람들의 마음을 깊이 읽어내는 힘이 있는 자로 자라났다. 그는 고초를 겪으면서 상처 받은 마음과 육신의 고달픔을 보복하려 들지 않았다. 요셉이 이국땅에서 자수성가로 총리가 되었다는 것이 성경이 전해 주는 그의 성공담의 핵심이 아니다. 기근을 돌파하는 능력을 보임으로써 한 시대의 도전을 극복했다는 것도 그의 삶이 우리에게 깨우치는 신앙적 요체가 아니다. 그런 것들은 모두 그의 믿음과 삶의 선한 열매로서의 의미를 가지고 있는 것들이다. 그가 이러한 인물로 자라날 수 있었던 까닭은 그가 곤고한 인생의 고난의 터널에서도 하나님의 인자하심과 선하심에 의지했던 데에 있다. 온갖 어려움과 쓰디쓴 삶의 역정 속에서도 하나님의 인자하심과 선하심을 인생의 기둥으로 삼았다는 점이다. 그런 믿음을 지녔던 요셉이 겪는 고초는 고초가 아니라 종국에는 은혜의 재료가 된다는 것을 보여 준다.

사람의 그릇이 크면 권세를 가져도 그것이 올바로 쓰이지만, 사람의 그릇이 작으면 그것은 사적인 한을 푸는 수단이 될 수 있다. 사람의 그릇이 작은 까닭은 그 어떤 성취도 자신의 손으로 일구었다고 여기고 그것을 놓칠세라 꽉 쥔 채 그 위력을 과시하는 유혹에 빠지는 탓이다. 선과 악의 갈림길이라는 것은 결국 자기를 내세우는가 아닌가에 달려 있다. 사람의 그릇이 클 수 있는 힘은 자신의 현실을 새롭게 여시는 분이 하나님이신 것을 깨닫고 이를 굳게 믿는 것에서 비롯된다는 기독교의 가르침은 진리이다. 세상이 어려운 중에 아우성이다. 제 한 몸 지켜내느라고 갈수록 악해지고 있다. 고초의 땅에서 하나님의 은총 가운데 길러지는 선한 은혜를 경험하지 못해서다. '선한 인간'이 되는 것, 우리는 이것을 아름답고 귀중하게 여기는 사회에 살고 있지 않다. 그러면 도리어 당한다고 생각하는 시대를 살고 있다. 그렇게 당하는 일이 많은 까닭은 결국 선한 인간이 적기 때문이다. 나 자신이 선한 이가 되기를 주저한다면, 세월과 시대가 악을 권하고 있다며 탓하고는 악인의 무리에 끼게 되고 말 것이다. 고난이 깊다고 선을 포기하는 것은,

배가 고프다고 독버섯을 먹는 것과 다를 바 없다. 그리하면 배를 채울지는 모르나 생명을 위기로 몰아넣고 마는 것이다. 이는 자살 행위다.

The Art of Living
왕고구마를 만드는 비결

아랍 속담에 이런 말이 있다. "과도한 햇빛은 땅을 사막으로 만든다." 계속해서 햇빛만 있으면 땅은 푸석푸석한 사막이 된다. 땅은 비바람이 있어야 한다. 그럴 때 곡식이 자란다. 인생도 그렇다. 인간의 영혼을 살리는 습기가 언제 생기는가? 어려움이 생기고 고난이 올 때다. 고난은 축복이 이룰 수 없는 많은 것을 성취하게 한다.

왕고구마를 만드는 비결에 관해서 읽은 적이 있다. 고구마를 사람 머리통 만하게 만드는 비결이다. 인공 비료를 많이 주는 것이 아니다. 고구마 밭에서 김을 맬 때 호미 날로 뿌리에 자극을 준다. 고의로 상처를 낸다. 아물면 상처를 주고 하다 보니까 고구마가 열을 받아서 그렇게 커진다고 한다. 큰 인생일수록 자주 호미질을 당하는 경우가 많다. 어떤 의사가 아이큐 150이 넘는 아이들은 살펴보았더니, 돌이 되기 전에 홍역이나 독감을 앓았던 아이들이 많았다고 한다. 고난은 인간을 더 크게 하고 부드러워지게 한다. 고난은 인간을 더 안전하게 한다. 그래서 고난은 인간에게 브레이크와 같은 것이다.

자동차는 브레이크가 있기에 안전하게 달릴 수 있다. 시속 100킬로미터 이상 마음 놓고 달릴 수 있는 것은 브레이크 덕분이다. 브레이크가 없다면 시속 10킬로미터도 안심하고 달릴 수 없다. 브레이크가 없는 자동차는 흉기일 수밖에 없다. 하나님도 때로 인간에게 브레이크를 거실 때가 있다. 인생들을 향한 하나님의 안전장치이다. 눈물 없는 삶만 있다면 행복할 것 같지만 그렇지 않다. 눈부신 순금은 3천 도가 넘는 도가니에서 정제되어 나온 것이다. 날렵한 칼은 대장장이의 수없는 망치질을 받아서 완성된다. 고난이 있음으로 우리는 자신을 돌아보게 된다. 고난을 극복함으로 우리의 삶은 더 아름답게 빛난다.

강영우 박사는 실명과 역경을 극복하고 정상인을 능가하는 놀라운 성취로 우리 앞에 우뚝 선 인간 승리의 표본이다. 그는 "실명은 나의 장애가 아니라 내가 하나님으로부터 받은 사명을 수행하기 위한 도구다"라고 했다. 그는 장애를 기회로 삼은 사람이었다.

인생에서 일어나는 위대한 기적과 진보는 문제를 통해 주어졌다. 병이 있을 때 약이 있다. 포도주가 부족할 때 가나 혼인 잔치의 기적이 일어났다. 제자들이 풍랑을 만났을 때 주님의 능력을 경험할 수 있었다. 문제를 만날 때 문제 속에 감추어져 있는 하나님의 기회를 볼 수 있어야 한다.

The Art of Living
충분히 어두울 때에야 별을 볼 수 있다

스캇 펙은 『아직도 가야 할 길』에서 "인생은 어렵다. 이것은 삶의 진리 가운데 가장 위대한 진리다. 그러나 이러한 평범한 진리를 이해하고 받아들일 때 인생은 더 이상 어렵지 않다"고 했다. 많은 사람은 인생은 어렵다는 이 진리를 깨닫지 못하고 살아간다. 때문에 삶의 여정에서 부딪치게 되는 문제와 어려움이 가혹하다고 불평한다. 사람들은 특히 자신의 문제만 가장 특별하다고 생각한다. 다른 사람들은 당하지 않는데 자신만 이 같은 고통스런 문제를 안고 살아간다고 불평한다. 하지만 지혜로운 사람은 피할 수 없는 고난을 환영하고, 고난이 주는 고통을 기꺼이 감수한다. 그리고 고난을 통해 더욱 성장하고 더욱 발전한다. 제임스 화이트는 "우리가 겪는 슬픔은 하나님이 우리 삶 속에 있는 불순물을 제거하시는 수단"이라고 했다. 우리 몸속에 있는 불순물이 제거되어야 건강한 삶을 살 수 있듯이 우리 인생길에서 역경은 우리 안에 있는 불순물을 제거하는 하나님의 방법이다.

토머스 불진스키는 위기 상황 시에 특수한 학습 능력이 생긴다는 것을 밝혀냈다. 사람들이 위기를 맞으면 학습, 기억, 그리고 창의력이 강화되는 세타(theta) 상태로 들어간다고 한다. 오페라 가수 마리아 칼라스는 여섯 살에 자동차에 치어 12일 동안 혼수상태로 누워 있었다. 혼수상태에서 깨어났을 때 그녀는 어떤 희생을 치르더라도 최정상에 오르겠다고 결심했다. 그녀가 뛰어난 오페라 가수가 된 배경에는 위기라는 신비로운 경험이 있었다. 위기는 때로 인간을 강하게 한다. 인생의 밑바닥까지 떨어져 본 경험을 한 사람들은 비약적으로 발전할 가능성 있다. 도널드 맥킨논은 "비범한 재능을 가지고 있는 사람들은 심한 좌절, 박탈, 정신적 상처의 경험들을 갖고 있다"고 했다.

토마스 칼라일은 "역경은 인간으로서 견뎌 내기 힘든 상대이다. 그러나 역경을 견뎌 내는 사람이 백 명이라면 번영을 견뎌 낼 수 있는 사람은 한 사람에 불과하다"고 했다. 인간은 약할 때 넘어지는 것이 아니라 강할 때 넘어진다. 모세가 언제 넘어졌는가? 강할 때였다. 다윗이 언제 넘어졌는가? 정상에 올랐을 때였다. 다윗이 영적으로 가장 강할 때가 언제였는가? 무명시절이었다. 골리앗을 물리쳤을 때는 왕의 자리에 있을 때가 아니라 이름 없는 목동일 때였다. 다윗은 깊은 영감을 주는 주옥 같은 시들을 남겼다. 그렇게 감동을 주는 시들은 한결같이 고난의 여정을 지날 때 빚어진 것들이다. 평탄은 마귀의 옥토요 고난은 하나님의 옥토다. 충분히 어두울 때에야 별을 볼 수 있다. 무지개를 보기 원하는 사람은 폭풍우를 견딜 수 있어야 한다. 우리는 끝없이 밝은 태양만을 원하지만 그것처럼 위험한 것도 없다. 태양이 계속 내리쬐면 사막이 된다. 비가 쏟아져야 사막을 막을 수 있다. 어두운 밤에 백기를 들어서는 안 된다. 영혼의 어두운 밤이 지나야 아침이 온다. 가장 향기로운 향수는 발칸 산맥의 장미에서 얻는다고 한다. 발칸 산맥의 장미는 가장 춥고 어두운 시간인 자정을 넘은 시간에 채취된다고 한다. 장미는 어두운 밤에 가장 향기로운 향을 뿜어내기 때문이다.

The Art of Living
금이 간 항아리

'금이 간 항아리'라는 우화가 있다. 어떤 사람이 물지게에 각각 항아리 하나씩을 매달고 물을 날랐다. 오른쪽 항아리는 온전했지만 왼쪽 항아리는 금이 가 있었다. 주인이 우물에서 물을 받아서 집으로 오면 오른쪽 항아리에는 물이 차 있었지만, 왼쪽 항아리에는 물이 반 정도 비어 있었다. 금이 간 왼쪽 항아리는 주인에게 너무 미안했다. 주인에게 일을 두 번 시키는 것처럼 보여 너무 미안한 나머지 이렇게 입을 열었다. "주인님… 제가 도저히 송구스러워서 견딜 수가 없습니다. 저는 금이 간 항아리입니다. 저를 버리시고 좋은 항아리, 금이 가지 않은 항아리를 새로 사서 사용하세요." 그러자 주인이 금이 간 항아리에게 이렇게 말했다. "나도 네가 금이 간 것을 알고 있다. 그러나 나는 항아리를 바꿀 마음이 전혀 없단다. 우리가 물을 나르기 위해 지나온 길을 한번 보렴. 금이 가지 않은 항아리가 있는 오른쪽은 아무런 생물도 자라지 못하는 황무지가 됐구나. 하지만 네가 지나왔던 왼쪽을 한번 봐라. 네가 반쯤 금이 가서 물을 흘린 자리 위에 아름다운 꽃이 피었고 풀이 자라고 있지 않니? 금이 간 네 모습 때문에 많은 생명이 자리고 풍성하게 열매를 맺고 있지 않니? 그런데 너를 어떻게 버릴 수 있겠니?"

우리는 쉽게 완벽한 항아리만을 가치 있다고 생각하는 경향이 있다. 깨끗하고 금이 가지 않은 항아리 같은 아버지와 어머니가 있었다. 아버지와 어머니 둘 다 명문대를 나와 경제적으로도 여유가 있었다. 그야말로 금이 간 데가 하나도 없었다. 하지만 아들이 반에서 2등을 했는데 "그것도 성적이냐?" 하면서 꾸짖는다. 1등을 해도 욕을 먹는다. 전교 1등 해야지, 반에서 1등 하면 되겠느냐는 것이다. 그러자 아이가 바짝바짝 마른다.

완벽한 항아리라서 물을 한 방울도 흘리지 않으면 주변을 황무지로 만들 수 있다. 바짝바짝 마르게 한다. 하나님은 세상 만물이 서로 통하도록 창조하셨다. 서로서로의 부족함을 통해서 서로에게 도움이 되고 축복이 되도록 하셨다. 우리는 완벽하지 못한 것 때문에가 아니라 하나님의 은혜를 망각하며 살까봐 고민해야 한다. 평탄할 때 100명 중 99명이 넘어진다면, 고통의 때에는 100명

중 1명이 넘어진다고 한다. 우리 가슴에 새겨야 할 내용이다. 바울은 "우리가 이 보배를 질그릇에 가졌으니 이는 심히 큰 능력은 하나님께 있고 우리에게 있지 아니함을 알게 하려 함이라"고 고백했다. 나의 항아리에 금이 가 있을 때가 축복의 때임을, 은혜 받을 만한 때임을 우리는 알아야 하지 않을까?

The Art of Living
강자와 약자

우리는 사람을 강자와 약자로 나누는 습관이 있다. 이런 사람은 약한 사람이고 저런 사람은 강한 사람이라고 생각한다. 그러나 이러한 판단도 대단히 상대적임을 알 수 있다. 우리는 어떤 사람에게는 약하고, 어떤 사람에게는 강하다. 그렇다면 강자와 약자라는 두 부류의 사람들이 존재한다고 말할 수 있을까? 폴 투르니에는 약자의 절망과 강자의 불안, 그리고 이 두 부류의 불행 이면에는 거대한 착각이 있다고 말한다. 사실 인간들은 자신들이 생각하는 것보다 훨씬 더 서로 비슷하다는 것이다. 차이가 있다면 매력적이든지 보기 싫든지 간에 외적인 가면, 다시 말해 강하거나 약하거나 하는 외부적 반응이 다를 뿐이다. 그러나 이러한 겉모습 속에는 똑같은 내면의 인간성이 숨어 있다. 사실 인간은 엄밀한 의미에서 모두 약한 존재이다. 인간은 누구나 두려움을 가지고 있기 때문에 모두 약한 존재이다. 인간은 지위 고하를 막론하고, 소유의 많고 적음과 상관없이, 많이 배운 사람이든 적게 배운 사람이든 누구나 자기 내면의 약함이 드러날까 두려워한다. 인간은 누구나 결점을 가지고 있다. 인간은 동일한 내면의 고통에 대해 서로 상반되는 반응을 보일 따름이다. 곧 강한 반응과 약한 반응이다. 강한 반응이란 자신의 약점을 가리기 위해 자신 있고 적극적인 모습을 띠며, 자신의 두려움을 덮기 위해 다른 사람의 두려움을 자극하고, 자신의 나쁜 면을 감추기 위해 좋은 면을 과시하는 것을 말한다. 반면 약한 반응은 너무나 당황한 나머지 자신이 감추고 싶어 하는 바로 그 약점을 드러내는 것을 말한다. 강한 반응을 하는 사람은 다른 사람들에게 늘 자기의 약점을 숨기기 때문에 결국은 스스로도 그 약점을 깨닫지 못하게 된다. 반대로 약한 반응을 하는 사람은 자신의 약점을 지나치게 의식한다. 약자가 늘 아프거나 실패하거나 삶에 짓눌려 있는 것처럼 보이는 것도 바로 이런 이유 때문이다. 강한 반응과 약한 반응은 외향적으로는 차이가 있어 보이지만 서로 밀접하게 관련되어 있다. 또한 인간의 반응은 고정적이지 않다. 이 반응에서 저 반응으로, 저 반응에서 이 반응으로 매우 쉽게 바뀔 수 있다.

핵심은 강자와 약자가 있는 것이라기보다는, 이 두 반응은 인간 누구나 가지고 있는, 근본적으로 동일한 고통에 대한 표현이라는 것이다. 그리고 작용하는 기제는 다르지만 초래하는 결과는 같다. 강한 반응과 약한 반응은 인간의 내면에 도사리고 있는 두려움과 삶 속에서 겪게 되는 고통에 대한 반응이라 할 수 있다. 그것이 강하고 약하게 표현된 것뿐이다. 이러한 고통에 대한 반응은 심리적이고 육체적인 질병과 건강과 아주 밀접한 관련이 있다. 신경증, 수치심, 열등감, 자신감 부족, 병적인 죄책감, 정서 불안, 강박관념, 공포심, 기능성 장애, 우유부단, 우울증 등은 약한 반응의 표현이다. 고혈압, 동맥경화, 관절염, 암 등은 강한 반응을 하는 사람들에게 주로 나타나는 경향이 있다고 한다. 물론 매우 섬세하고 복잡한 문제이기 때문에 단순하게 결론 내리기는 어렵지만 상당히 의미 있는 통찰력이라 할 수 있다.

폴 투르니에는 모든 인간은 내적 치유가 필요하다고 지적한다. 진정한 내적 치유는 약한 반응이나 강한 반응에서는 찾을 수 없다. 마음속의 근본적인 갈등을 실제적으로 해결해야만 진정한 내적 치유가 가능하기 때문이다. 투르니에는 진정한 내적 치유는 심리학 수준에서가 아니라, 영적인 영역에서 이루어진다고 했다. 심리적인 구원은 약자의 진영에서 강자의 진영으로 옮겨가는 것을 목표로 하지만, 영적인 구원은 하나님의 뜻을 재발견하는 것이다. 영적인 구원이 가르치고자 하는 것은 진정한 인간의 치유는 하나님의 은혜 없이는 불가능하다는 것이다.

The Art of Living
은혜의 동의어

　평생을 두고 죽음에 대한 심리를 연구하는 데 몰두했던 퀴블러(Ross Kubler)는 600-800가지 사례에 걸쳐 죽음의 심리를 분석하여 발표하였다. 이 세상에는 동서고금을 통하여 죽었다가 다시 살아난 사람들이 종종 있다고 한다. 말하자면 가사 상태를 경험한 사람들이다. 퀴블러는 이런 사람들을 찾아가 죽기 직전의 심리와 죽은 직후의 경험을 이야기하게 하여 분석했다. 분석 결과를 보면 흥미롭게도 공통점이 있었다. 산 사람이 보기에는 잠든 것 같은 죽음의 그 순간에 망자는 자신의 몸이 고무풍선 터지듯 펑 하고 터지면서 붕 떠올라 가는 체험을 하는데, 그때의 자신은 자신의 몸을 볼 수 있다는 것이다. 누워 있는 자신의 주검을 자기 눈으로 내려다 볼 수 있게 되는데, 그런 순간에 하늘을 쳐다보면 말로 형용할 수 없는 밝은 빛과 그 빛이 비춰는 넓은 광야를 볼 수 있다고 한다. 동시에 눈앞에는 자기의 일생이 마치 한순간의 일인 양 압축되어서 한꺼번에 시야에 들어온다고 한다. 그리고 깜짝 놀라면서 부끄럽고 두려워 고개를 들 수 없게 된다고 한다.

어느 교회의 한 권사님이 입신을 경험했다. 권사님이 천국에 갔는데 예수님이 한 집을 보여 주셨다. 궁궐과 같이 좋은 집이었다. 이 집은 네가 살 집이라고 했다. 그런데 한쪽에 초라한 개집이 있었다. 저 집은 누가 사는 집이냐고 물었다. 예수님이 대답하시기를 저 집은 너희 교회 담임목사의 집이라고 했다. 깜짝 놀라 예수님께 물었다. "어떻게 우리 목사님과 같이 훌륭한 목사님의 집이 이럴 수가 있습니까? 우리 목사님은 큰 교회 담임목사님이시고 설교도 잘하시고 능력도 있으신 훌륭한 목사님이신데요." 예수님은 너희 교회 담임목사는 너무 교만하기 때문이라고 말씀해 주었다. 입신에서 깨어난 권사님은 목사님을 찾아가 이야기를 전했다. 이 이야기를 듣고 목사님은 겸손해졌다고 한다.

미국 흑인들의 애환을 그린 『뿌리』의 작가 알렉스 해일리는 자신의 사무실에 그림 하나를 걸어 놓았다고 한다. 거북이가 높은 담장 꼭대기에 올라가 있는 그림이다. 사람들은 해일리를 향해 왜 이상한 그림을 걸어 놓았는지 자주 질문 했다고 한다. 해일리는 다음과 같이 대답했다고 한다. "사람들이 제 작품을 보면서, 어떻게 이런 위대한 글을 쓸 수 있었느냐고, 어디서 이런 영감을 얻을 수 있었냐고 물으면, 교만한 마음이 들 때가 있었습니다. 그럴 때마다 그 그림을 보면서 '저기 거북이가 제 힘으로 스스로 저 높은 담장에 올라갈 수 있었을까? 누군가의 도움으로 올라갔을 것이다. 마찬가지로 내가 이렇게 올라올 수 있었던 것은 오로지 하나님의 도우심이 있었기 때문이다'라고 생각하며 마음을 지킬 수 있었습니다."

C. S. 루이스는 이 세상에서 가장 큰 죄악은 교만이라고 했다. 사탄은 교만한 사람은 손도 대지 않는다고 했다. 교만한 사람은 가만히 놔두어도 망하기 때문이다. 교만은 패망의 선봉이라고 했다. 토마스 아퀴나스는 교만을 가리켜 "모든 죄악의 어머니"라고 설파했다. 모든 죄악은 교만의 자식들이기 때문이다. 어거스틴은 은혜는 성육신과 동의어라고 했다. 성육신의 핵심은 낮아지심, 바로 겸손이다. 하나님의 은혜는 '겸손'이란 말과 동의어다.

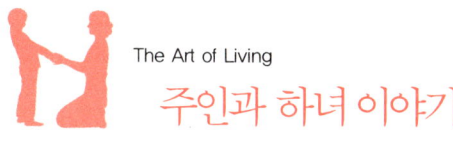

The Art of Living
주인과 하녀 이야기

　율법과 그리스도 안에서 얻은 자유의 관계를 설명하기 위해서 M. R. 디한은 주인과 하녀라는 관계를 설정해서 재미있게 설명했다. 어떤 남자가 하녀를 한 명 고용했다. 하녀가 집안에서 지켜야 할 율법을 만들었다. 첫째, 아침 6시에 기상한다. 둘째, 7시까지 아침 식사 준비를 한다. 셋째, 9시에 청소를 한다. 율법을 만든 후 그는 "이상의 율법을 지키지 않을 시에는 집에서 나갈 것"이란 조건을 붙여서 하녀에게 주었다. 어느 날 이 남자 주인과 하녀 사이에 사랑의 감정이 생겨서 결혼을 했다. 여자는 종이 아니라 당당한 주인의 아내가 된 것이다. 아내로 삼은 후에도 남자가 계속해서 아침마다 읽어 보라고 율법이 적힌 종이를 주었다. 만약 여자가 "나는 더 이상 종이 아니라 당신의 아내예요. 그러니까 이제 나는 맘대로 행동할 거예요. 이제부터는 10시에 일어날 겁니다"라고 말했다면, 이 여인은 남편의 사랑을 게으름과 방종의 기회로 잘못 사용하는 것이다. 주인에게 사랑을 입어 결혼한 것에 감격하는 마음이 있다면, 그녀는 6시가 아니라 그 전에 일어나는 것도 기쁨으로 여길 수 있다. 이것이 사랑의 속성이다. 하녀가 6시에 일어나 7시에 식사 준비를 하고 9시에 청소를 한다고 해서 종이 아내가 되는 것은 아니다. 오직 사랑으로 인하여 아내가 되는 것이다.

    인간의 구원도 마찬가지다. 선행으로 구원받는다면 이 세상에 구원 받을 사람은 한 사람도 없다. 세상에는 전적으로 선한 사람은 한 사람도 없기 때문이다. 사랑에는 조건적인 사랑이 있고 조건 없이 하는 사랑이 있다. 아무 조건 없이 사랑하는 것이 진정한 사랑이다. 선행을 구원의 조건으로 하지 않음은 축복이다.

The Art of Living
어머니의 예수님

한 여인이 20대 초반에 결혼을 했다. 그녀의 나이 23세에 그만 남편이 죽고 말았다. 임신 중이었던 여인은 딸을 낳았다. 요즘 같으면 결혼해서 인생을 새롭게 시작했겠지만 40년 전만 해도 사정은 그렇지 않았다. 청상과부가 된 여인은 모든 희생을 감수하며 딸의 장래를 위해 헌신했다. 시장에서 온갖 장사를 하며 딸을 길렀다. 어머니의 희생 덕분에 딸은 교수까지 되었다. 어느 날 문득 늙은 어머니를 보고 있던 딸의 마음에 어머니에 대한 감사의 정이 치솟았다. "만일 어머니가 없었다면 오늘의 나는 존재할 수 없었을 것이다. 일찍이 홀로 된 어머니가 허리띠를 졸라매고 장사하여 입히고 먹이고 키워주셨는데, 어머니가 어렵게 학비를 마련해 주셔서 유학도 하고 공부를 마칠 수 있었는데, 어려운 일이 있을 때 온 몸을 던져가며 문제를 해결해 주셨는데…" 갑자기 어머니 없는 자신의 인생은 존재할 수 없었다는 것을 깨달은 딸은 어머니에게 말했다. "어머니, 원하는 것이 있으면 뭐든지 말씀하세요. 제가 다 사드릴게요." 그러자 어머니는 "나는 네가 잘 되는 것이 큰 기쁨이다. 다른 건 아무것도 필요치 않단다." 그런데도 딸이 계속해서 묻자 어머니는 "주일에 교회 가는 것이 쉽지 않구나. 나를 교회까지 태워다 주면 좋겠다. 돌아올 때도 문제가 되니까 나와 같이 교회에 가서 예배를 드리고 돌아오면 좋겠다"라고 했다. 모녀는 함께 교회에 갔다. 어머니와 함께 대학 교수인 딸이 함께 교회에 나가자 사람들이 환영했다. "권사님의 오랜 기도가 이루어졌다"고 모두가 기뻐했다. 예배를 마치고 휴게실에서 잠시 쉬고 있을 때 딸과 동년배쯤 되어 보이는 여성들이 수다를 떨기 시작했다. 듣고 싶지 않았지만 너무 크게 떠드는 바람에 그들이 하는 이야기를 모두 듣게 되었다. 서로를 헐뜯는 내용이었다. 딸은 속으로 "예수 믿는 것들도 별 수 없다"는 생각을 했다. 그런데 이번에는 옆 회의실에서 싸우는 소리가 바깥까지 들리기 시작했다. 생각이 서로 달라 꽤 심각한 싸움이 되는 것 같았다. 놀랍게도 욕설까지 터져 나왔다. 치밀어 오르는 분노를 간신히 억누르고 어머니를 찾아갔다. 어머니 손을 잡아끌고 나오려고 했다. "어머니, 다시는 교회에 오지 마세요. 일요일이면 내가 소풍 모시고 다닐 테니 다시는 교회에 오지 맙시다." 상황이 심상치 않다는 것을 알아차린 어머니가 물었다.

"너 왜 그러니?" 어머니는 항상 딸의 투정뿐 아니라 짜증까지도 다 받아 주던 그런 수용적인 분이었다. 화를 내는 일이 거의 없는 어머니였다. 하지만 그때만큼은 어머니의 태도와 표정에 단호함이 서려 있었다. 어머니의 단호함에 놀란 딸은 자초지종을 이야기했다. 어머니는 그때 "나는 평생 교회를 다니면서 예수님을 봤는데 너는 딱 하루 교회 나와서 참 많은 것을 보았구나!"라고 했다. 이 말에 딸은 큰 충격을 받았다. 그동안 배우지 못하신 어머니가 아무 의미도 목적도 없이 교회에 다닌다고 생각했기 때문이다. 복만 비는 기복신앙의 소유자인 줄 알았던 어머니의 말과 태도가 범상치 않아 보였다. 자기와 비교할 수 없는 높은 수준의 신앙심이 느껴졌기 때문이다. 어머니는 자기처럼 저속하게 문제만 보는 눈이 아니라 예수님을 보고 아름다움을 볼 줄 아는 눈을 가지고 계셨기 때문이다. 어머니의 태도에 딸은 무너져 내렸다.

The Art of Living
십자가에서 끝난 사랑이 아니다

    십수 년 전에 대지진이 아르메니아를 강타했을 때다. 무너진 건물 더미 속에서 30세 여인이 세 살짜리 아이와 함께 8일 만에 극적으로 구조되었다. 그 사실을 접한 사람들은 모두 놀랐다. 성인인 어머니는 8일을 견딜 수 있다 해도 세 살짜리 아이가 먹지도 않고 8일 동안 버틴다는 것은 이해할 수가 없었기 때문이다. 그러나 그 의문은 구출된 모자를 검진한 의사 나자리안 박사에 의해 풀렸다. 세 살짜리 아이가 무사히 살아 있었던 것은 어머니가 자기 손가락을 물어뜯어 8일 동안 아이에게 자기 피를 빨게 해 주었기 때문이다. 그 극한 상황 속에서 아이에게 자기 피를 빨게 한 것은 자기의 생명보다 자녀를 더 아끼는 사랑 때문이었다.

    하나님의 사랑과 닮은꼴인 어머니의 사랑으로도 표현할 수 없는 그 사랑이 십자가의 사랑이다. 상처 받은 사랑이요 또한 상처를 이긴 사랑이다. 그러나 하나님의 사랑은 십자가 위에서 끝난 사랑이 아니다. 성 프란시스로 하여금 발걸음을 돌이켜 좇아가서 나환자의 손을 붙잡고 키스하게 하고 축복하게 했던 사랑이다. 알베르나 산록에서 마지막 숨을 거두던 그 순간까지 힘을 다해서 "나의 사랑"이라고 외쳤던 사랑이다. 혈통을 넘어선 사랑이요 도덕적인 메시지를 넘어선 사랑이다. 온 우주를 껴안은 사랑이다. 하나님의 사랑은 온 땅에, 온 세상에, 온 우주에 넘치는 사랑이다. 여름 내내 나무를 위해 수고하던 나뭇잎은 가을이 오면 어김없이 낙엽이 되어 떨어지고, 떨어진 나뭇잎은 썩어서 나무의 거름이 되고, 나무는 생명의 열매를 선물한다. 우리는 과일 속에서도 하나님의 사랑을 볼 수 있어야 한다. 어찌 과일 뿐이겠는가! 우리 자녀들에게서도, 내가 만나는 사람들 속에서도, 풀 한 포기 속에서도 하나님의 사랑을 볼 수 있어야 한다. 온 땅에 충만한 하나님의 사랑을 노래할 수 있어야 한다. 우리 인생의 행로에 어두운 그림자가 있을 때, 아픔의 그림자가 있을 때 돌이켜 하나님의 그 사랑을 묵상해야 한다.

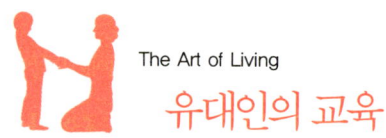

유대인의 교육

A.D. 70년경 예루살렘 성이 로마 군대에 의해 사면이 포위되어 멸망 직전에 놓여 있었다. 내일이면 함락당할 위기에서 이스라엘 사람들은 비통한 울부짖음과 불안 속에서 갈피를 잡지 못하고 있었다. 이때 유대인 랍비 아키바가 하나님 앞에 간절히 기도하다가 묘안을 생각해 냈다. 그는 하인들을 시켜 자기가 중병에 걸렸다는 소문을 퍼뜨리게 하고 다음날 갑자기 죽었다는 소문을 퍼뜨렸다. 그리고 관 속으로 들어가 성 밖으로 나갔다. 그날 밤 아키바는 로마 장군을 만나 내일 아침 예루살렘 성문을 활짝 열고 항거 없이 로마 군인을 다 맞이할 테니 전쟁을 하지 말자고 말했다. "우리에게 있는 돈을 다 가져가도 좋습니다. 사람을 붙들어 가도 좋습니다. 다만 성 안에 있는 그 집 하나만은 손을 대지 않도록 약속해

주시기 바랍니다." 로마 장군이 "그 집에 무엇이 있느냐"고 묻자 랍비는 "책이 있는 곳입니다"라고 대답했다. 이튿날 문을 열어 주기로 하고 아키바는 바로 돌아갔다. 그날 밤에 유대의 어머니들을 불러 모았다. 어머니들이 울면서 모였을 때 아키바는 유명한 설교를 했다. "어머님 여러분! 다 없어도 됩니다. 다 빼앗겨도 됩니다. 그러나 단 한 가지 어머님들의 가슴 속에 하나님의 말씀이 새겨져 있으면, 또한 탈무드가 있으면 우리 백성은 영원히 존속됩니다. 희망이 있습니다. 이 백성을 통해 하나님의 뜻을 이룰 날이 옵니다." 거기서 어머니들은 엎드려 울며 기도로 밤을 새웠다. 이튿날 예루살렘 성이 점령되어 수많은 사람이 잡혀가고 재물을 탈취당하는 사건이 있었지만, 유대의 어머니들 가슴 속에 새겨진 탈무드와 하나님의 말씀은 어머니들의 가슴과 가슴으로 전승되어 오늘의 이스라엘을 있게 했다.

    자녀들이 축복된 미래를 살아가기 원한다면 결코 재물을 유산으로 남기지 말고 가치를 유산으로 남기라는 말이 있다. 많은 사람이 유대인의 교육에 관심을 가지고 있지만 유대인의 교육은 천재교육이 아니다. 하나님을 경외하는 것을 가장 중요하게 여기는 교육이다. 물질적 가치보다 정신적 가치를 더 소중하게 여기는 교육이요, 현상적 가치에만 집착하는 교육이 아니라 초월적 가치를 중요하게 여기는 교육이다. 유대인 교육의 또 하나의 중요한 특징은 교육의 장이다. 가정을 가장 중요한 교육의 장으로 여겼다. 이스라엘의 안식일은 신앙을 심어 주고 이스라엘의 가정은 교육을 심어 준다는 말이 있다. 여기에 핵심이 있다. 뮬러 박사는 부모의 신앙생활이 자녀에게 미치는 영향을 조사했다. 부모가 교회에 정규적으로 출석하고 있는 자녀들은 72%가 성인이 된 후에도 신앙생활을 계속했지만 어머니만 교회 출석하는 자녀는 15%의 자녀가 신앙생활을 유지했고, 부모가 모두 교회에 정규적으로 출석하지 못하는 경우는 겨우 6%의 자녀만이 성인이 된 후에 신앙생활을 하고 있었다. 이는 자녀의 신앙생활에 가장 중요하게 영향을 미치는 곳은 교회학교가 아니라 가정임을 밝혀 준다.

우리는 세상의 물질적 삶을 초월하는 정신을 배워야 한다. 초월의 가치 앞에서 무릎을 꿇는 경험이 없으므로 돈을 섬기는 가벼운 사람이 되는 것이다. 칼 힐티는 부모가 유명하면 대개 자녀들은 부모만큼 유명해 지지 못한다고 했다. 이유는 부모가 바빠서 자녀 교육에 관심을 분배할 시간이 없고, 따라서 가정에서 자녀 교육이 안 되기 때문이다. 정신적으로 고요했던 예루살렘은 신앙과 진리의 정신적 유산을 남겼지만, 육체적으로 바빴던 로마는 넓은 길과 원형극장과 목욕탕을 남겼을 뿐이다.

The Art of Living
사랑의 기술

    독일의 사회심리학자 에리히 프롬은 『사랑의 기술』(*The Art of Loving*)에서 사랑은 사랑하겠다는 마음과 뜻이 있다고 되는 것이 아니라 사랑할 수 있는 훈련이 되어 있어야 된다고 했다. 사랑의 기술은 사랑을 위한 훈련과 비례한다는 지적이다. 운전을 하려면 운전을 연습해야 하듯이 넓은 사랑, 깊은 사랑, 좋은 사랑을 위해서도 훈련이 필요하다. 아무리 수학 공식을 많이 외우고 있어도 수학 문제를 가지고 직접 해결하는 훈련을 하지 않으면 좋은 점수를 맞을 수 없다. 수영은 어떤가? 아무리 소문난 유명 수영 강사에게 수영이론을 배웠다 할지라도 수영장에서의 훈련 없이 깊은 물속에 바로 뛰어들어 가면 죽음의 위험에 처한다. 우리의 삶에서 훈련은 이처럼 중요하다. 사랑도 훈련 없이는 불가능하다.

성경에서 훈련의 중요성을 의미하는 메타포를 하나 선택하라고 하면 '출애굽'이란 용어를 들 수 있다. 당대의 거대한 제국 애굽에서 노예로 살았던 히브리인들은 체제의 근본을 뒤흔들고 마침내 출애굽에 성공한다. 거대한 도전을 이겨낸 이후 이들의 행군은 그 감격과 은혜로 자신감에 넘쳐 있었다. 그런 엄청난 고비를 넘은 자신들이 이제 무엇을 두려워하겠는가 하고 생각했을지도 모른다. 그러나 이들은 홍해를 건너 안전지대로 피신해 온 자신들에게 예기치 않은 새로운 도전이 기다리고 있음을 곧 깨닫게 된다. 사흘 동안을 걸어 광야를 지났지만 마실 물이 없었던 것이다. 홍해를 건너기 전에는 물이 넘쳐서 문제였고, 이제는 물이 없어서 곤란한 지경에 빠졌다. 그러던 중 마침내 마라라는 곳에 이르게 되었을 때 거기에는 다행히도 물이 있었다. 그러나 이들의 환호는 잠깐, 그 물은 써서 마실 수가 없다는 것을 곧 알게 되었다. 히브리 백성들은 모세에게 아우성을 쳤다. "우리가 무엇을 마신단 말이요?" 물이 쓰다는 것 하나로 자기들의 현실을 부정적으로 판단해 버리고만 것이다. 그리고 불평하는 일에 몰두한다. 홍해를 건넌 감사는 어느새 말끔히 사라지고, 거칠고 험한 말이 오가는 것이다. 어려운 상황에 처한 자신들의 처지를 하나님에게 고하며 복을 기원하기보다는, 자신의 상황을 스스로 불평하기에 여념이 없었다. 이것이 인간이다.

개인의 인생사나 민족의 역사에 때로 우리는 '마라'를 만난다. 하지만 이때 기억해야 할 것이 있다. 세상이 어지럽고 힘든 것은 어지러움 자체에 있는 것이 아니라 그 어지러움을 바로 잡을 힘을 기르는 것을 게을리했기 때문이다. 훈련이 부족했기 때문이다. 한 개인과 사회의 영혼이 황폐한 것은 그 황폐함을 새로운 풍요로 바꿀 힘을 기르는 훈련이 부족했기 때문이다. 그때 조금만 인내했더라면, 그때 어떻게든 용서하는 마음을 품기만 했더라면, 그때 약간이라도 용기를 내기만 했더라면, 그때 조금만 더 이해하며 사랑했더라면, 그때 입을 벌리지 않고 침묵했더라면 사랑스런 선한 열매를 내었을 텐데 하는 경우가 얼마나 많은지 모른다. 그때 불필요하게 핏대를 세우며 논쟁하지 않고 기도하기만 했어도 문제는 상당히 달라질 수 있었는데 하는 후회를 우리는 적지 않게 한다. 마라의 물이 단물이 되어 우리의 목을 축여야 하는 보다 중요한 이유는, 이것이 엘림으로 가는 길에 우리의 믿음과 소망과 사랑의 기운이 쇠하지 않도록 하기 위한 훈련의 과정이기 때문이다. 이 훈련의 여정이 끝나면 여호와께서 약속하신대로 '엘림'과 같은 부요한 땅에 도착할 것이다. 히브리 백성들이 마라에서 엘림에 이르니 거기 물 샘 열둘과 종려 칠십 주가 있었다고 했다.

갈망과 기도
The Art of Living

지상에 살면서 평온함을 찾기는 쉬운 일이 아니다. 우리 안에는 매우 특이하고 이상한, 심하게 고동치는 무엇이 있어 우리를 언제나 불안하고 불만스럽게 해서 좌절에 빠지거나 괴롭게 만든다. 그 무엇, 지나친 갈망 때문에 그냥 편히 쉬기가 어렵다. 갈망은 언제나 만족보다 넘친다. 갈망은 우리의 삶 한 가운데 뼛속 깊이 박혀 있고 영혼의 깊은 내면에 숨어 있다.

우리는 어쩌다 좀 쉴 뿐이요, 갈망에 사로잡혀 있다가 잠시 평온함을 누릴 뿐이다. 소로가 일찍이 지적했듯이, 삶은 어쩌다 조용하고 한가로운 평온을 만날 뿐이다. 갈망은 음료수를 휘젓는 막대와 같다. 갈망은 우리를 끌어당기고 영혼을 뒤흔든다. 우리는 갈망에 관한 이야기들, 사랑과 성, 향수, 상실, 소망 등의 이야기를 좋아한다.

우리 시대의 위대한 사상가들도 갈망의 불꽃으로 타올라 무엇인가를 찾아 헤매는 힘을 분석하며 그것을 그들 사상의 중심으로 삼았다. 칼 융은 이것을 우리 영혼을 구성하는 매우 깊고 대체할 수 없는 '원형적'(archetypal) 에너지라고 했다.

사람마다 그 표현은 다를지라도 모두 최종적으로는 같은 것을 말하고 있다. 인간은 꺼지지 않는 불길과 안절부절 못하는 상태, 어떤 열망, 평온하지 못함, 허기, 외로움, 향수, 길들일 수 없는 야성 등 모든 아픔을 지닌 채 태어난다는 것이다. 이는 경험 속에서 발견되며 모든 일을 부추기고 이끄는 피할 수 없는 궁극적인 힘이다. 이 힘은 서로 다른 분위기와 모습을 가지며 때로는 우리를 아프게 매질한다. 즉 불만과 좌절과 고통을 준다.

또 우리를 전혀 아프게 하지 않을 때도 있다. 깊은 에너지로 어떤 아름다움도 저항할 수 없도록 우리를 잡아당기고, 내면의 다른 무엇으로 다가와 우리가 사랑을 향해, 아름다움을 향해, 창조를 향해, 그리고 신을 향해 나아가도록 만든다. 갈망은 이처럼 자신을 고통으로도, 달콤한 희망으로도 나타낼 수 있다. 기도는 우리가 그 갈망을 가지고 궁극적으로 무엇을 하느냐와 관련된다. 우리가 열망을 어디에 활용하느냐, 열망이 우리에게 주는 고통과 희망을 어떻게 활용하느냐가 바로 우리의 기도다.

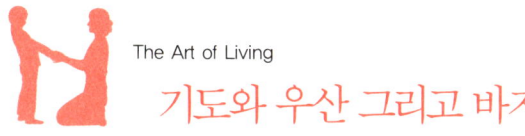

The Art of Living

기도와 우산 그리고 바지

어느 작은 마을에 극심한 가뭄이 들었다. 농부들은 농작물을 걱정했다. 그러던 어느 주일 미사(예배)가 끝나고 사람들이 신부를 찾아갔다. "신부님, 지금 저희들이 지금 아무것도 하지 않으면 이번 농사를 망치게 될 것 같습니다." 그러자 신부님은 "여러분이 할 수 있는 것은 지금 절대적인 믿음으로 기도하는 것뿐입니다. 믿음이 없는 기도는 기도가 아닙니다. 반드시 마음에서 우러나야 합니다"라고 했다. 농부들은 하루에 두 번씩 모여 비를 내려 달라고 기도했다. 다음 주일에 농부들은 신부님을 찾아가 하소연했다. "신부님, 기도해도 아무 소용이 없습니다. 매일 모여서 기도했는데 아직까지 비 한 방울 내리지 않습니다." 신부님은 농부들에게 "정말 믿음으로 기도했습니까?"라고 물었다. 사람들은 믿음으로 기도

했다고 대답했다. 그러자 신부님이 말했다. "여러분들은 믿음으로 기도하지 않았습니다. 오늘 아침 우산을 들고 오신 분이 아무도 없잖습니까."

러시아의 문호 레오 톨스토이의 단편에 나오는 내용이다. 기독교적 신앙 교육을 받으며 자란 형제가 있었다. 많은 세월이 흘러 두 사람은 다시 만나게 되었다. 형은 신앙을 완전히 포기한 상태였고 동생은 완전히 포기한 상태는 아니었다. 적어도 자신은 그렇지 않다고 생각하고 있었다. 그날 저녁이었다. 동생이 침대에 들어가기 전 무릎을 꿇고 기도하려 했다. 형이 놀란 듯이 물었다. "너는 아직도 그런 짓을 하니?" 형의 질문에 동생은 자신이 지금 하고 있는 일이 기껏해야 기도하는 '동작'에 불과하다는 사실을 깨닫게 된다. 그날 이후로 동생은 더 이상 기도하지 않았다. 기도하지 않는다고 해서 변화가 있는 것도 아니었다. 기도를 했을 때나 기도를 멈춘 후에나 그의 삶에는 근본적으로 변화가 없었다. 그동안 그는 한 번도 살아 계신 하나님께 기도를 드려본 적이 없었기 때문이다.

많은 사람에게 감동을 주는 삶을 살았던 힐튼의 이야기다. 92세로 세상을 떠나기 전까지 힐튼은 80개국의 주요 도시에 2,600여 개의 호텔을 설립했다. 객실로 따지면 무려 48만여 개나 된다고 한다. 힐튼의 삶의 철학과 원리이다. 첫째, 매일 일관되게 열심히 기도하라. 둘째, 당신만의 특별한 재능을 찾아라. 셋째, 크게 생각하고 크게 행동하고 큰 꿈을 가져라. 넷째, 언제 어느 순간에도 정직하라. 다섯째, 열정을 가지고 살라. 여섯째, 재물의 노예가 되지 말라. 일곱째, 문제를 해결할 때 서두르지 말고 인내를 가지고 대하라. 여덟째, 과거에 집착하지 말라. 아홉째, 언제나 상대를 존중하고 업신여기지 말라. 열째, 당신이 살고 있는 세계에 대해 자신이 할 수 있는 모든 책임을 다하라. 힐튼의 삶의 첫 번째 원리는 기도였다. 그는 어머니에게서 기도의 열쇠를 받았다고 한다. 힐튼의 어머니는 자녀들에게 무엇보다도 먼저 기도를 가르쳤다고 한다. 힐튼은 그의 자서전에서 이렇게 썼다. "매일 아침 6시 반에 교회로 찾아가 기도를 드렸다. 아무리 밤늦게까지 일을 했다 하더라도 아침이면 무릎을 꿇고 기도를 드린 다음에 출근했다. 일과를 시작하기 전에 기도를 빠뜨릴 수가 없었다. 기도는 어머니가 나에게 준 첫 번째 열쇠였다." 기도는 인간을 바르게 하고 성실하게 하고 희망을 품게 한다.

두 목사님 사모님이 바느질을 하며 이야기를 하고 있었다. 한 사모님이 우리 목사님은 목회를 그만두려고 한다고 했다. 다른 사모님은 우리 목사님은 요즈음 목회가 너무 힘이 나고 즐거워한다고 했다. 한 사모님은 바지의 엉덩이 부분을 손질하고 있었다. 다른 사모님은 바지의 무릎 부분을 손질하고 있었다.

The Art of Living
기적을 만드는 재료

　현대 추수감사절을 탄생시킨 청교도들의 이야기다. 영국의 청교도들이 미국으로 건너가 모진 고난과 어려움을 겪었다. 흉년이 거듭되어 말할 수 없는 어려움이 계속되었다. 그때 그들은 모여서 이 어려움을 어떻게 극복할 수 있을까 고민하며 금식기도를 선포했다. 하지만 금식을 하며 기도해도 어려움이 끝나지 않았다. 그러자 사람들은 함께 모여 죽을 각오를 하고 계속 기도하자고 했다. 이때 한 젊은이가 손을 들고 일어나서 "금식기도 하지 말고 우리가 하나님께 감사하자"고 했다. 그러면서 청년이 이런 말을 덧붙였다. "금식기도하면서 불평하고 원망하고 섭섭한 이야기를 하는 것은 하나님이 기뻐하시지 않습니다. 우리 먼저 감사합시다. 우리에게 주신 것을 생각하면서 감사의 기도를 합시다." 금식기도를 할 때는 사람들의 얼굴이 어두웠는데, 감사를 하면서 얼굴에 생기가 돌기 시작했다는 이야기이다.

감사처럼 아름답고 귀한 기도가 없다. 감사와 신앙은 둘이 아니라 하나다. 믿음의 다른 언어는 감사이다. 감사가 없는 신앙은 바른 신앙이 아니요, 감사가 없는 기도는 바른 기도가 아니다. 인생은 어제나 오늘이나 내일이나 변함이 없다. 다만 어떻게 보느냐에 따라 달라진다. 감사하는 사람은 언제나 밝은 면을 본다. 감사하는 사람은 가진 것을 보고 감사한다. 우리가 큰 것을 가졌느냐 작은 것을 가졌느냐가 중요한 것이 아니다. 중요한 것은 그것을 가지고 감사할 줄 아는 성품을 가지고 있느냐이다. 작은 것이라도 주님께 감사함으로 드려지면 축복이 된다. 오병이어가 주님의 손에 드려졌을 때 오천 명이 넘는 사람들이 먹는 기적을 창조하는 재료가 되었다. 우리가 가진 것을 가지고 감사함으로 주님께 나아가면 주님의 축사가 임한다.

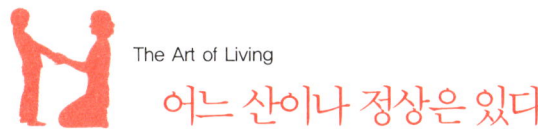

The Art of Living
어느 산이나 정상은 있다

한 사람에 대한 부정적인 선입견은 10분 안에 결정되고, 그 선입견을 고치는 데는 10년이 걸린다는 말이 있다. 나의 잘못된 선입견으로 말미암아 한 사람을 잃어버리는 시간은 불과 10분에 불과하지만, 그 사람을 다시 나의 친구로 만들려면 10년이 걸린다는 말이다. 내가 잘못 사용한 10분의 대가로 10년을 치러야 한다는 것이다. 우리 인생길에서 부정적인 사고처럼 무서운 것이 없다.

음악이 '중앙 옥타브의 C음'(middle c)을 기초로 하여 만들어지고, 도시가 '평균해면'(sea level)을 기준으로 건설되듯이, 우리의 인생철학은 '할 수 있다'는 말씀 위에 세워져야 한다. 우리의 모든 언어는 '할 수 있다'는 말씀 위에 세워져야 한다. 인생의 모든 흥망성쇠를 관통하여 이길 수 있게 해 주는 것이 바로 '할 수 있다'는 믿음이다. 이 믿음을 우리의 사고의 뿌리로 삼는다면, 그것은 우리의 영혼에 깃든 부정적 사고들을 몰아낼 것이다.

우리는 사물을 눈에 보이는 대로 보는 것이 아니라 보려고 하는 대로 본다. 내가 모든 것을 의심하고 보면 모든 것이 부정적인 것이 되어 버린다. "내가 기도하면 들어주실까!" 이런 생각을 버려야 한다. 의심처럼 무서운 병은 없다. 의심은 모든 것을 흔들어 놓아 버린다. 세익스피어는 "의심은 배신자와도 같다. 무언가 시도하기를 두려워하게 하여 결국은 우리가 시도함으로써 얻을 수 있는 중요한 것들을 모두 잃게 만든다"고 했다. 어느 산이나 정상은 다 있다. 그러나 그 정상을 오를 수 있는 사람은 정상을 향해 발길을 내딛는 사람이다. 정상에 오른 사람만이 그 정상에서 볼 수 있는 기쁨을 누릴 수 있다.

노벨 평화상을 수상한 만델라를 모르는 사람은 없을 것이다. 그는 그가 가졌던 자기민족에 대한 선한 꿈 때문에 종신형을 선고받고 27년 동안이나 감옥 생활을 하게 된다. 만델라는 감옥에서도 복수의 칼을 가는 것이 아니라 끝없는 용서의 미덕을 쌓았다고 한다. 만델라는 단지 27년의 긴 감옥살이 때문에 유명해진 것이 아니다. 감옥 속에서도 희망을 가지고 살았고, 희망을 키우기 위해 하루도 빠짐없이 운동을 했다고 한다. 그가 가야 할 정상이 무엇인지를 알았기 때문이다. 산에 오르다 보면 가파른 코스도 있고 계곡도 있다. 감옥도 그에게는 정상에 오르기 위한 하나의 과정에 불과했던 것이다.

우리는 '할 수 있다'는 말씀 위에 우리의 인생철학을 세워야 한다. 복음서에 나오는 예수님의 말씀을 보면 '가능하다'는 말씀이 자주 나오는 것을 볼 수 있다. 하나님이 주시는 마음은 긍정적이고 담대한 마음이다. 할 수 없다고 자포자기하고 도전하지 않는 사람은 어떤 일도 할 수 없다. 그러나 아무리 어려운 환경일지라도 기도하며 도전하는 사람들에게 하나님은 은혜를 부어 주신다.

The Art of Living
우리 동네가 필요로 하는 사람

성경에 보면 하나님은 우리의 힘이 되시고 내편이 되신다는 말씀이 나온다. 우리는 하나님이 내편이라는 의미를 마치 어린아이가 나의 아버지는 나를 낳으셨기 때문에 무조건 내편이 될 것이라는 의미로 생각할 수 있다. 하나님이 내편이 되신다는 의미를 이렇게 이해하게 되면, 만약에 A대학교와 B대학교가 농구경기를 할 때 양측 기독학생회에서 열심히 기도하면 하나님이 어느 대학교를 이기게 할 것인가라는 모순에 직면하게 된다. 하나님께서 내편이 되신다는 것은 죄 아래 신음하는 나를 구원하시는 은혜로우신 하나님이 내 편이라는 것이다. 하나님은 죄의 편이 아니라 사랑의 편이라는 뜻이다. 내가 겸손하고 내가 사랑하고 내가 정의를 사랑하고 내가 가난한 자를 위하여 정의를 행하면 하나님께서 내편이 되신다는 것이다.

진나라 환공이란 사람이 배를 타고 삼협계곡을 내려가고 있었다. 그 때 하인이 새끼 원숭이 한 마리를 어디선가 잡아왔다. 그러자 진나라 환공은 하인으로 하여금 그 새끼 원숭이를 데리고 배를 타도록 했다. 뒤늦게 새끼가 없어졌음을 안 어미 원숭이가 삼협계곡을 따라 백리 길을 울부짖으며 쫓아왔다. 그래도 하인이 새끼 원숭이를 되돌려 주지 않자, 어미 원숭이는 뱃전에 자기 몸을 던져 죽고 말았다. 배에서 내린 사람들이 죽은 어미 원숭이의 배를 가르자, 그 속의 창자가 갈기갈기 찢어져 있었다. 자기 새끼를 얼마나 사랑했으면 단장의 슬픔을 토하다가 실제로 창자가 찢어져 죽었겠는가? 진정한 사랑은 소유에 있지 않고 주는 것에 있다. 이러한 사랑을 소유한 사람이 우리에게 필요하다.

한국 기독교 인구가 20%정도 되고, 한국 국민의 3분의 2가까이가 종교인이라고 한다. 그럼에도 종교인들이 존경을 받지 못하고 있다. 자기의 이권을 위해서만 다투는 종교단체와 종교인들의 모습에 실망하곤 한다. 종교가 사회 공동체의 안녕과 개인의 인격 함양과 전혀 관계가 없는 것일까? 한국 기독교는 강단에서 기독교는 구원을 위한 종교임을 매우 강조한다. 하지만 사회 공동체의 구성원으로서의 일반 윤리나 인격함양에 대해 가르치는 일을 소홀히 하고 있다. 기독교의 가르침은 내가 대접받고자 하는 대로 남을 대접하고 모든 이에게 모든 일에 있어서 주께 하듯 하라고 가르친다. 기독교 복음은 인격함양이 결여된 자신만을 위한 '기쁜 소식'이 아니다. "여호와는 지식의 하나님이시라 행동을 달아 보시느니라"라는 말씀이 있다. 여기서 지식의 하나님은 '엘 데오토'다. 하나님께서는 우리의 속마음을 꿰뚫고 계신다는 의미다. 우리가 하는 말을 우리 자신만 아는 것 같지만 우리의 말을 하나님께서 다 달아보시고 계신다는 것이다.

유명한 사상가 카알라일이 살고 있는 동네에 새로 부임한 성직자 한사람이 있었다. 그는 소문을 통해 그 동네에 유명한 사상가가 있음을 이미 알고 있었다. 그래서 그 동네에 부임하자마자 많은 사람에게 존경을 받는 사상가 카알라일을 찾아가 인사를 드렸다. 그랬더니 카알라일이 이렇게 말했다고 한다. "우리 동네가 필요로 하는 사람, 우리 시대가 요구하는 하나님의 사람은, 하나님을 소문으로만 아는 사람이 아니라 하나님을 체험적으로 아는 사람이요."

하나님이 누구의 편일까? 하나님을 소문으로만 아는 사람일 수 없다. 하나님을 개념적으로만 아는 사람도 아니다. 사랑의 진정한 의미를 아는 사람의 편이 아닐까 싶다. 네 편 내편 가르지 않고 인생의 궁극적 문제를 고민하며 이웃의 아픔을 내 아픔으로 여기며 살 수 있는 사람이 아닐까 싶다.

The Art of Living
믿음은 체험을 낳는 어머니다

일본에 한 그리스도인 부부가 있었다. "하나님의 사업을 하기 위해 우리가 무엇을 할까?" 이렇게 고민하며 기도하다가 이 부부는 땅을 사서 과일나무를 심었다. 그 해 수확을 해서 고아원에 갖다 주기로 했다. 그런데 이게 웬일인가? 어느 날 일어나 보니 온 나무마다 벌레가 생겨서 과일들을 파먹기 시작했다. 농약이 발달하지 않은 때라 벌레를 잡아도 잡아도 끝이 없었다. 이 부부는 그 벌레를 잡다 말고 그 과수원에서 무릎을 꿇었다. "주님, 우리 힘으로 어찌 할 수 없습니다. 이천여 그루의 과일나무를 어떻게 하면 좋습니까? 주님 도와주십시오." 간절하게 기도를 했는데 그 다음 날에 놀라운 일이 일어났다. 한 번도 오지 않던 수많은 새 떼들이 그 과수원에 빽빽하게 덮치더니 벌레들을 모조리 잡아 먹어버렸다. 하나님의 기적은 오늘날에도 얼마든지 가능하다. 그 능력의 기적이 어디로부터 오는지를 아는 사람들에게 하나님의 기적은 열려있다.

유대교 전통에 보면 이런 이야기가 있다. 한 시골 사람이 아내를 데리고 랍비 차디크에게 찾아가서 말했다. "랍비님, 우리는 결혼하고 살면서 아이를 갖지 못하였습니다. 아이를 낳을 수 있도록 기도하여 주십시오." 그때 랍비가 말했다. "그러면 나에게 금화 52크라운을 주십시오." 이 시골 사람은 "차디크 랍비님! 금화 10크라운이라면 해보겠지만 52크라운은 너무 많습니다. 도저히 구할 수 없습니다"라고 대답했다. 그러자 랍비가 20크라운을 내라고 했다. 이 시골 사람은 20크라운도 도저히 감당할 수 없는 돈이었다. 금전문제로 타협을 보지 못한 시골 사람은, 마침내 울화통이 터트리며 아내에게 말했다. "여보! 그만 돌아갑시다. 하나님께서는 랍비가 없이도 아이를 낳을 수 있도록 우리를 도와주실 것입니다." 이 말을 듣고 랍비가 이렇게 말했다고 한다. "그것이 바로 내가 듣고 싶었던 말이라네." 1년 후에 아내는 아들을 낳았다. 무엇을 믿을 것인가, 기적이 어디로부터 오는지 깨달았기 때문이다. 믿음은 체험을 낳는 어머니와 같다.

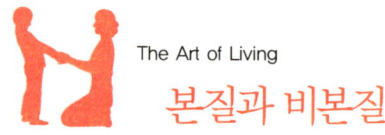

The Art of Living
본질과 비본질

우리는 공동체 안에서 신념과 신념이 날카롭게 부딪히다가 상처를 입는 경우를 볼 수 있다. 그동안 전해 내려오던 인습을 고수하려는 사람들이 있는가 하면 변화를 원하는 사람들이 어디에나 있기 마련이다. 작게는 한 가정에서 크게는 국가 공동체에서도 이런 현상은 있기 마련이다. 사람이 모여 사는 곳에는 보수적인 성향의 사람들도 있고, 진보적인 성향의 사람들도 있기 마련이다. 인습이나 전통을 고수하려고 하는 사람이 있고, 변화를 추구하는 사람들이 있기 마련이다.

모든 생각의 차이는 변화에 대한 반응이다. 어떤 사람은 변화를 좋아하는 반면에 어떤 사람은 변화를 싫어한다. 어떤 사람은 빨리 변화하는가 하면, 어떤 사람은 서서히 변화한다. 변화를 좋아하는 쪽에서 보면 그것은 하나의 발전이다. 그러나 변화를 싫어하는 쪽에서 보면 변화는 변질이다.

이 세상에 영원한 것은 아무것도 없다. 모든 것은 변하게 되어 있다. 그러면 변화를 어떻게 맞이해야 할까? 무엇보다도 아름다운 변화를 위해서는 본질과 비본질을 구분할 줄 알아야 한다. 우리가 살고 있는 이 사회에 존재하는 대부분의 불협화음이 비본질적인 것들에서 유래된다는 사실을 알아야 한다. 본질적인 것들 때문에 싸우는 사람들은 극히 드물다. 가정의 문제가 그렇고, 인간의 문제가 그렇다.

이 세상에는 본질적인 것들이 있다. 무슨 이야기인가? 어떤 일이 있어도 우리가 양보할 수 없는 것들이 있다. 그것은 바로 하나님의 진리의 말씀이다. 예수님의 십자가와 부활이다. 하지만 본질적인 것보다 비본질적인 것들이 더 문제가 되기도 한다. 어떤 교파의 교회에 출석해야 할까? 장로교회에 나가야 할까? 침례교회에 나가야 하는가? 비본질적인 문제다. 어떤 사람들은 침례냐, 세례냐에 목숨을 걸고 싸운다. 그럴 필요가 있을까? 그것이 과연 그렇게 본질적인 문제일까? 성경이 가르치는 올바른 태도는 무엇일까? 본질적인 것에 대해서 우리는 보수적인 자세를 취해야 한다. 진리는 바꿀 수 없다. 진리는 지켜야 한다. 그러나 비본질적인 것에 대해서는 개방적인 자세가 되어야 한다. 내용은 지켜야 하지만 그릇은 바꿀 수도 있다. 내용이 아닌 그릇 때문에 그 그릇에 담긴 내용마저 손상을 입게 해서는 안 된다.

어느 날 베드로가 고넬료의 청함을 받고 욥바에서 가이사랴에 가서 이방인들과 함께 교제를 나누었다. 그의 평생에 먹어보지 못한 음식을 먹고 입에 기름이 가시기도 전에 들뜬 마음을 가지고 그는 고향으로 달려왔다. "아, 이 기쁜 소식을 형제들에게 어서 전해야지. 하나님이 이방인에게도 구원을 주셨구나. 이제 우리에게 부정한 음식은 없구나!" 그런데 사람들의 눈초리가 이상했다. 한 사람이 일어나더니 입에 거품을 물고 이야기 한다. "베드로여, 회개하시오! 당신이 어떻게 그럴 수가 있단 말이요?" 또 한 사람이 일어났다. "당신은 자유주의자요. 베드로 당신은 변질되었소. 어떻게 이방인과 같이 음식을 먹을 수 있단 말이오?" 우리는 항상 깨어 잊지 않으면 우리도 모르게 형식에 메이기 쉬운 존재다. 우리 자신을 늘 새롭게 하지 않으면 내용은 간곳없고 빈 그릇만 남게 된다. 우리가 비본질적인 것들을 붙잡고 고집할 때 수많은 상처들이 생겨나고 우리에게 아름다운 변화가 일어날 수 없게 된다.

The Art of Living
무엇을 묵상할 것인가?

유명한 코미디언 밥 호프의 이야기다. 월남전이 한창이던 시절 월남전에서 부상당하고 돌아온 군인들을 위한 대대적인 위문 공연이 준비되고 있을 때의 일이다. 프로그램을 총책임 진 감독이 밥 호프를 이 공연에 초청했다. 그러나 밥 호프는 너무 바빠서 갈 수 없다고 거절했다. 밥 호프가 없는 위문 공연은 불가능하다고 생각한 감독은 전장에서 돌아온 이들에게 위로를 해 주려면 이 중요한 자리에 당신이 꼭 필요하다며 여러 번 간곡히 부탁을 했다. 선약이 있어서 갈 수 없다며 거절하던 밥 호프도 자꾸만 요청을 하자, "그러면 한 5분 정도만 얼굴 보이고 내려와도 괜찮겠습니까?" 하고 물었다. 주최 측에서 그렇게만 해줘도 고맙겠다고 해서 밥 호프는 월남전 참전 용사를 위로하기 위한 위문 공연에 출연을 했다. 5분을 약속하고 올라간 밥 호프는 5분 동안 이야기를 했다. 사람들이 웃기 시작했다. 그런데 5분이 지나도 밥 호프가 끝낼 생각을 안 했다. 10분, 15분, 25분, 30분이 넘었다. 거의 40분 동안 공연을 하고 무대에서 내려왔다. 무대에서 내려가는 밥 호프의 얼굴에 눈물이 흐르고 있었다. 감독이 5분하기로 한 분이 30분도 넘게 하고, 다 하고 나서 우는 건 또 무슨 일이냐고 물었다고 한다. 그 때 밥 호프가 눈물을 닦으면서 "저 앞줄에 있는 두 친구 때문에 그렇습니다"라고 했다. 그가 공연을 할 때 상이군인 두 사람이 열심히 박수를 치며 기뻐하고 있었는데, 한 사람은 오른팔을 잃어버렸고 다른 한 사람은 왼팔을 잃어버린 상태였다. 오른팔을 잃어버린 사람은 왼팔을 사용하고, 왼팔을 잃어버린 사람은 오른팔을 사용해서 두 사람이 함께 박수를 치고 있었다. 그 광경을 본 후 밥 호프는 유명한 이야기를 남겼다. "저 두 사람은 나에게 진정한 기쁨이 무엇인지를 가르쳐 주었습니다. 한 팔을 잃어버린 두 사람이 힘을 합하여 기뻐해 주고 있는 모습을 보면서 나는 참된 기쁨을 배웠습니다."

어떤 사람이 바다에서 항해를 하다가 파선을 당했다. 그는 무인도에서 파선된 조각들을 모아 간신히 오두막을 지었다. 그리고 매일 하나님께 구출해 달라는 기도를 드렸다. 지평선을 바라보면서 지나가는 배를 향해서 구출해 달라는 신호를 보냈다. 어느 날 먹을 것을 구하러 나갔다가 왔는데, 간신히 마련한 오두막이 불길에 휩싸여 있었다. 그가 생명을 유지하기 위해서 만들어 놓은 모든 것이 연기 중에 날아가 버리는 순간이었다. 불행 중 최악의 불행같이 느껴졌다. 그런데 그런 최악의 불행이 최선의 결과를 가져올 줄을 누가 알았겠는가? 이튿날 배 한척이 그 무인도에 도착했다. 선장은 "우리는 당신의 연기 신호를 보고 왔습니다"라고 했다.

영국의 작가 존 번연이 그의 생전에 애매하게 감옥에 들어가게 된 일이 있다. 훌륭한 그리스도인이었던 번연은 비록 감옥에 들어가게 되었지만 첫날밤에 이런 기도를 드렸다. "하나님, 저를 이 감옥에 들어오게 하신 하나님의 뜻이 무엇인지요? 이 감옥 속에서의 시간을 결코 낭비하지 않도록 도와주십시오. 그래서 저를 이곳에 오게 하신 하나님의 뜻을 다 이룰 수 있도록 해 주십시오." 그는 이튿날부터 감옥에서 한 편의 소설을 쓰기 시작했다. 그 소설이 바로 남녀노소 동서양을 무론하고 수많은 사람들에게 수 세기동안 영적 삶에 대한 영감을 주고 있는 "천로역정"이다. 존 번연에게 감옥은 고통의 장소가 아니라 오히려 위대한 창조의 자리가 되었다. 그에게 감옥은 절망의 공간이 아니라 축복의 공간이었다. 감옥도 절망이 아니라 창조의 공간이 될 수 있다.

우리 인생길에서 문제를 묵상하면 근심할 수밖에 없다. 하지만 가지고 있는 것을 묵상하면 기쁨이 있고 감사가 있다. 신앙이란 문제를 묵상하는 것이 아니라 내게 주신 것을 묵상하는 것이다. 내게 주어진 것을 가지고 묵상할 줄 아는 사람이 지혜로운 사랑이요 성숙한 사람이다.

chapter 2
감성지수 높이기

The Art of Living
감성지수

현대 사회에서 감성과 영성에 대한 관심이 높아지고 있다. 감성과 영성의 중요성에 큰 관심을 갖게 된 것은 이성을 과도하게 강조한 문화에서 온 심리적·영적 굶주림의 반영이다. 현대인들은 지적 사고와 엄청난 과학적 진보 속에서 살아가지만 감성적으로, 영적으로 병들어 가고 있다. 인간의 행복과 불행도 감성과 깊이 관련되어 있다. 감성은 인간 삶의 여러 영역에 중대하게 영향을 주는 요소이기 때문이다. 20세기 중반까지 인간의 기능에 대한 심리학자들과 교육학자들 그리고 신경과학자들의 가장 큰 관심사는 인지적 기능을 어떻게 개발하느냐는 것이었다. 어떻게 생각하느냐가 주요 관심사였다. 생각하는 능력이 연구와 교육의 주요 대상이었다. 하지만 20세기 후반에 오면서 감성적 기능 개발에 눈뜨기 시작했다. 어떻게 느끼느냐에 더 큰 관심을 가지게 되었다. 감성의 중요성을 발견한 것이다. 감성이 발달하지 않은 사람은 행복한 조건을 가지고 있을 때에도 행복을 느끼지 못한다. 감성이 메말라 있기 때문이다. 살아 있다는 것(to live)은 느낀다는 것(to feel)이며, 참으로 잘 살고 있다는 것은 참으로 잘 느끼고 있다는 의미이기도 하다. 감성은 인간의 삶에서 통회와 기쁨과 열정으로 표출되어 인간의 감각 능력에 매우 긍정적으로 반영된다. 사랑과 희락과 화평과 오래 참음과 자비와 양선과 충성과 온유와 절제는 감성의 양상들이다.

  인간의 감성은 일반적으로 다른 사람과 환경과의 관계에 대한 의식에서 생기는 능동적인 반향이지만, 사실 감성은 자극에 대해 무의식적으로 혹은 동시 다발적으로 일어나는 반응이므로 그것을 언어로 표현하는 데 오류가 많이 따를 수 있다. 골만(Goleman)은 감성이란 영어의 어원은 라틴어 'motere'(to move)라는 말과 'e'(away)라는 접두어가 합해져서 된 말로서 'move away'(움직여 나간다)라는 의미를 가지고 있다고 설명한다. 감성이란 인지적인 영역과 행위적인 영역을 포함하는 단어이다. 생각이 행동으로 변하려면 감성을 거쳐야 한다. 골만에 의하면 감성적인 마음(emotional mind)은 이성적인 마음(rational mind)보다 더 빠른 속도로 생각을 행동으로 옮긴다고 한다. 중요한 일을 결정하여 행동으로 옮길 때에 감성의 역할은 중요하다.

감성은 교육학적 관점에서 매우 중요하다. 인간은 지성과 더불어 감성을 가진 존재이다. 감성이 동반되지 않은 지식은 오히려 교만의 길잡이로 전락할 수 있다. 자비와 사랑이 결핍된 지식은 위선으로 가기 쉽다. 대니얼 골먼은 학습에서 지나친 성과 지향의 방식에 문제를 제기하며 감성지수(EQ)의 중요성을 제시했다. 그는 전 세계 교육의 패러다임을 바꾸는 계기를 마련했다. 골먼은 IQ보다 EQ의 중요성을 역설하고, 인간에게 지식의 양보다 나와 상대방의 감정을 얼마나 잘 조율할 수 있는가가 더 중요하다고 강조했다.

고든 맥도날드가 쓴 『내면세계의 질서와 영적성장』에서 내면세계의 질서가 정돈되지 않은 대표적인 인물로 사울 왕을 예로 든다. 반면 내면세계의 질서가 정돈된 대표적인 인물로 세례 요한을 말한다. 맥도날드는 사울 왕에게 "쫓겨 다니는 사람"(a driven person)이라는 이름을 붙였다. 쫓겨 다니는 사람의 특징은 소명을 따라 살지 않고 욕망과 야망을 따라 산다. 오직 성취함으로 만족을 얻는다. 존재 자체에서 참된 목적을 얻는 것이 아니라 성취를 통해서만 만족을 얻으려고 한다. 사울은 자신의 자리를 지키기 위해 다윗에게 수많은 고통을 주고 눈물을 흘리게 했다. 상대의 아픔과 고통은 관심의 대상이 아니다. 감성이 사막 같은 사람이 사울이다. 맥도날드는 세례 요한을 "부름 받은 사람"(a called person)으로 이해했다. 부름 받은 사람은 소명을 따라 사는 사람이다. 내면이 정돈되어 있다. 성공보다는 성품에, 성취보다는 섬김에 관심이 있다. 상대의 아픔과 고통을 배려한다. 감성이 풍부하다는 증거다. 감성지수의 빈약은 염려와 질투에 쉽게 노출된다. 감성을 병들게 하는 무서운 적은 질투심이다. 인간의 삶을 메마르게 하고 감성을 메마르게 하는 것은 질투심이다. 사울 왕이 무너진 것도 다윗에 대한 질투 때문이었다. 인간의 최초의 살인 사건도 질투심 때문이었다. 가인이 동생 아벨을 죽인 것도 질투심 때문에 발생했다. 질투심은 감성을 척박하게 한다. 질투는 감정을 부정적인 방향으로 가게 한다. 토마스 아퀴나스는 "질투는 다른 이가 잘되는 것에 대해 슬퍼하는 것이다"라고 했다.

    윌리엄 버클리는 인상 깊은 이야기를 했다. 스펜서라는 잘 알려지지 않은 목사님이 계셨다. 이분은 한동안은 사람들에게 훌륭한 지도자로서 존경을 받았지만 노년에 목회가 신통치 않았다. 그가 시무하는 교회의 길 건너 한 블록 떨어져 있는 교회에 젊은 목사가 부임했다. 젊은 목사의 설교는 많은 사람에게 신선한 감동을 주기 시작했다. 많은 사람이 그 교회로 모여들었다. 젊은 목사에 대한 좋은 소문이 사방으로 퍼져 나갔다. 어느 날 주일 저녁이었다. 스펜서 목사님이 설교를 하려고 강단에 올라가 보니 평소보다 너무 적은 수의 사람들이 앉아 있었다. "오늘 저녁에 우리 교인들이 다 어디 가셨습니까?" 잠시 무거운 침묵이 흐른 뒤 교회 사무를 전담하고 있는 집사님이 "길 건너 교회 목사님의 말씀이 좋다는 말을 듣고 은혜 받으려고 그 교회로 간 것 같습니다"라고 대답했다. 그 말을 들은 노 목사님은 잠시 눈을 감고 생각을 한 후에 조용한 미소를 띠면서 말했다. "예, 좋습니다. 여러분 오늘 저녁에는 저와 함께 그 교회로 가서 은혜를 받읍시다." 교인들을 다 데리고 그 교회로 갔다. 소펜 하우어는 "인간은 다른 사람처럼 되고자 하기 때문에 자기 잠재력의 4분의 3을 상실한다"고 했다. 비교 의식에 사로잡히면 감성이 메마르게 되지만, 비교 의식을 극복하면 감성은 건강해진다.

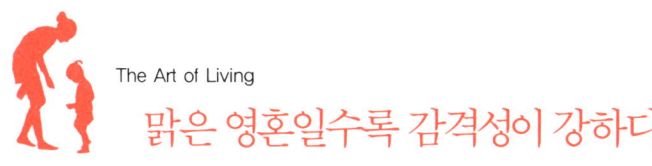

The Art of Living
맑은 영혼일수록 감격성이 강하다

5대 1의 원리가 있다. 사람은 한 번 꾸중을 들으면 다섯 번 이상 칭찬이 필요하다는 원리다. 꾸중을 들으면 일주일 정도 가지만 감동을 받으면 평생 간다는 말이 있다. 이것은 감성의 중요성을 일깨우는 말이기도 하다. 핑크 칼라 시대가 오고 있다. 이것은 여성 시대가 오고 있다는 말이기도 하다. 블루 칼라 시대는 농경 시대였다. 화이트 칼라 시대는 두뇌 시대였다. 골드 칼라 시대는 정보화 시대를 의미한다. 핑크 칼라 시대는 감성 시대다. 사람들이 만족보다는 감격을 원하는 시대가 되었다. 요즈음 갈수록 남자들이 누나 같고 어머니 같은 연상의 여인을 찾는 경향이 많아지고 있다. 이것은 우리나라뿐만 아니라 일본에서도 드러나고 있는 현상이다. 일본에서는 최근 결혼한 사람들의 26%가 연상의 여인과 결혼한 부부라고 한다. 사람들이 감성의 중요성에 눈뜨기 시작한 것이다. 감동이 있는 교육, 감동이 충만한 삶을 추구한다.

세계교회사에서 한국교회가 빠른 시간 안에 부흥했던 이유가 있다. 초기 한국교회가 우리 민족에게 감동을 주었기 때문이다. 가난한 자를 돌보고, 차별받던 여성들을 교육하는 일에 앞장서고, 백정들이라고 괄시받던 그들을 데려다 차별하지 않고 같이 기도하고 성경공부하며 한글을 가르쳐 준 것이 교회였다. 우리 민족만큼 감동을 잘하는 민족도 세계에서 없을 것이다. 2002 월드컵 때 경험했던 것처럼 우리 민족은 감동을 받으면 움직이고 쉽게 하나가 된다. 교회가 우리 이웃과 민족을 어떻게 이끌어가야 하는지 답은 자명하다. 이웃과 민족 앞에 감동을 주어야 한다. 물론 감동 그 자체가 목적은 아니다. 그 감동을 출발점으로 그들을 그리스도의 십자가 앞으로 이끌어야 한다. 그러기 위해서 우리는 다른 사람들의 아픔을 공유할 줄 알아야 한다. 폭력배들에게는 반사회적 성격장애(psychopath)가 있다는 연구 결과가 있다. 그들은 보통 사람들과 달리 상대의 아픔을 공유하는 능력이 약해서 잔인한 일을 행하고도 상대의 아픔을 체감하지 못한다. 상대의 아픔을 공감하지 못하는 사람은 절대로 다른 사람을 섬길 수 없다. 그런 의미에서 교회는 눈물을 회복해야 한다. 연약한 이웃과 같이 우는 일부터 해야 한다. 약한 사람과 함께 울 줄 알고, 아름다운 삶을 살아가는 사람을 보고 감동할 줄 알아야 한다. 장애와 질병 때문에 고통 받는 이웃과 함께 눈물짓는 가슴이 먼저 회복되어야 한다. 상대의 아픔을 공감하는 것이 능력이다.

환생한 에디슨이라고 말할 만큼 별명왕으로 유명한 딘 카멘이라는 사람이 있다. 대표적인 발명품으로는 휴대용 인슐린 펌프가 있다. 계단을 오를 수 있는 다기능 전동 휠체어도 그가 발명했다. 그가 요즘 발명에 한창 박차를 가하고 있는 것은 아프리카의 수많은 사람이 깨끗한 물을 먹지 못해 죽어가는 일을 방지하기 위한 정수 기계라고 한다. 카멘이 위대한 발명왕이 될 수 있었던 것은 인간에 대한 사랑 때문이다. 더러운 물을 먹고 있는 사람들을 바라보면서 눈물을 흘리며 "내가 저 사람들에게 깨끗한 물을 먹여야지" 하는 마음을 가진 것이 그로 하여금 정수 기계를 발명하게 하는 동인이다. 걷지 못하는 사람들을 바라보면서 "어떻게 하면 휠체어를 타고 이 계단을 오르도록 도와줄 수 있을까?" 하는 그의 사랑하는 마음이 발명의 동인이다. 인슐린 주사를 매일 맞아야 하는 사람들의 고통을 이해하는 그의 사랑이 동기가 되어 휴대용 인슐린 펌프를 발명하게 된 것이다.

진정한 능력은 따뜻한 마음에서 나온다. 진정한 능력은 사랑이다. 목사에게 사랑이 들어가면 성도를 변화시키는 설교가 나오고, 과학자에게 사랑이 들어가면 어려운 사람들의 삶에 새로운 희망을 주는 발명품이 나온다. 기독교적 앎은 사랑을 위한 앎이다. 지식은 사랑을 위한 종이다. 사랑으로 이어지지 않은 지식은 바른 지식이 아니요, 무례함과 교만을 낳은 자료가 되어 버린다.

   인간은 감격할 때 새로운 자각이 생기고, 깊은 깨달음에 도달하고, 커다란 결단을 내린다. 인간이 감격성을 잃어버리는 것은 슬픈 일이다. 감격성을 상실한 생명은 이미 죽은 생명이다. 젊은 생명일수록 감격성이 강하다. 맑은 영혼일수록 감격성이 왕성하다. 인간은 감격성을 상실해서는 안 된다. 생명을 부여받은 그 자체가 감격이다. 우리는 될수록 감격을 주는 책을 읽고, 감격을 주는 말씀을 듣고, 감격을 주는 사람을 만나고, 감격을 주는 체험을 해야 한다.

The Art of Living
신판 개미와 베짱이

어떤 마을에 한 소년이 있었다. 이 소년에게 5천 원짜리와 만 원짜리를 놓고 "어느 것을 가질래?" 이렇게 물으면 항상 5천 원짜리를 택했다. 사람들이 깔깔 웃으면서 "저런 바보가 다 있나? 5천 원짜리하고 만 원짜리도 구분할 줄 모르다니!" 하며 재미있어 했다. 동네 아저씨 아줌마들이 그 소년을 데려다 장난을 쳤다. 하루에도 이런 일이 여러 번 벌어졌다. 세월이 흘러 바보로 통하던 그 아이가 부자가 되었다. 마을에서 최고의 부자가 되었다. 사람들이 어떻게 해서 부자가 되었느냐고 물었다. "사람들이 내가 5천 원짜리를 집으면 재미있다고 자꾸 시키지만 만 원짜리를 집으면 한 번 밖에 안 할 것 아닙니까? 나는 일부러 5천 원짜리를 집은 것입니다"라고 대답했다. 세상 사람들이 다 가는 길을 따라가는 것만

이 지혜가 아니다. 어떤 때는 전혀 다른 길을 걸어갈 때 그것이 지혜일 수 있다.

미국의 대재벌이었던 록펠러의 어린 시절 이야기다. 한번은 착한 일을 했는데 사탕을 파는 아저씨가 "얘야, 여기서 사탕 한 움큼 집어가라"고 했다. 어린 록펠러는 겸손한 표정을 지으면서 "아닙니다. 저는 됐습니다. 아저씨가 집어 주세요"라고 했다. 아저씨는 감동을 받아 "너같이 욕심 없는 애가 다 있구나" 하면서 사탕을 한 움큼 집어 주었다. 어머니가 "어떻게 그렇게 예의 바르고 기특한 말을 하니?" 하며 칭찬하자, 록펠러는 "내 손보다 아저씨 손이 더 크잖아요"하고 말했다고 한다. 어려서부터 대부호가 될 만한 기질이 있었던 것 같다. 살다 보면 손해 보고 희생하는 것 같아 보일 때가 오히려 더 큰 이익과 보람을 가져오는 순간으로 탈바꿈하는 경우가 있다.

우리는 "개미와 베짱이" 이야기를 잘 안다. 개미는 여름에 일을 열심히 해서 먹을 것을 모아 놓고 추운 겨울에 따뜻한 방에서 잘 지내는데, 베짱이는 밤낮 기타 치고 놀다가 겨울이 되어 먹을 것이 없어서 개미에게 구걸했다는 내용이다. 때문에 우리도 베짱이처럼 놀다가 낭패당하지 말고 개미처럼 열심히 일하는 사람이 되어야 한다는 우화이다. 하지만 "신판 개미와 베짱이" 이야기는 그 내용이 사뭇 다르다. 개미는 여름 내내 겨울에 먹을 것을 쌓아 두기 위해서 열심히 일을 했다. 너무 열심히 일을 해서 신경통, 류마티스, 관절염, 허리디스크, 스트레스가 쌓여 가을에 그만 죽고 말았다. 반면에 여름 내내 기타 치고 놀던 베짱이는 가을에 레코드 판 하나를 냈는데, 그것이 히트해서 떼돈을 벌어 떵떵거리며 잘 살고 있다는 내용이다. 그러면서 세상에 이런 모순이 어디 있느냐고 탄식하는 내용이다. 물론 이 이야기를 무조건 긍정적으로만 해석해서는 안 된다. 이런 이야기를 통해 모순으로 가득 찬 세상을 읽을 수 있어야 한다. 하지만 이 이야기를 노동이라는 측면에서 생각해 볼 때 의미 있는 내용을 도출해 낼 수 있다. 21세기 상황에서는 새로운 노동의 개념이 등장했다. 바로 지적 노동, 창조적 노동, 예술적 노동이다. 과거에는 베짱이가 놀았다고 생각했지만 21세기의 시각에서는 베짱이가 논 것이 아니라 창작 활동을 하고 있었다는 것이다. 베짱이는 열심히 작곡하고 있었고 예술 활동을 하고 있었던 것이다.

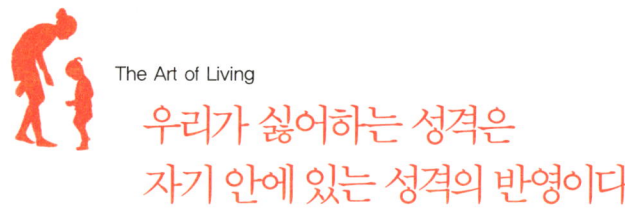

The Art of Living

우리가 싫어하는 성격은 자기 안에 있는 성격의 반영이다

한 바보가 어느 누구도 자기를 인정하지 않는다는 사실 때문에 고민에 빠졌다. 이 바보가 인생을 비관하여 산에 갔더니 산도 자기를 아는 체하지 않자 큰 소리로 외쳤다. "나는 너를 싫어한다." 산울림이 다시 들려왔다. "나는 너를 싫어한다." 실망한 나머지 지나가는 지자에게 지혜를 물었다. 웃으면서 말하기를 "큰 소리로 이렇게 외쳐 보세요. 나는 너를 사랑한다." 그렇게 하자 다시 메아리로 들려왔다. "나는 너를 사랑한다."

인간을 이해하는 가장 좋은 교과서는 책이 아니라 자기 자신이라는 말이 있다. 다른 사람을 연구하기 전에 자신을 연구하는 것이 중요하다. 모든 관계의 출발은 자신 안에서 시작된다. 우리의 관계와 삶은 자신을 이해하는 만큼 발전하고 자신을 깨달은 만큼 성장한다. 인간관계 법칙에서 가장 중요하게 작용하는 것은 자아상이다. 자신은 거울과 같아서 자신의 거울에 비추어진 나의 모습으로 다른 사람을 대한다. 다른 사람과의 관계를 통해 겪어 온 많은 어려움이 상대방의 문제라기보다는 나 자신 안에 있는 문제이다.

알렌 코헨은 "우리가 싫어하는 성격은 대부분 인정하기 싫은 자신의 성격이다"라고 했다. 갈등의 대상이 소유하고 있는 싫은 성격은 자신 안에 있는 성격의 반영이다. 상대방과 갈등을 겪는 것이 아니라 자신의 내면에 있는 자신의 성격과 갈등을 겪고 있는 것이다. 사랑도 제 안에 있고, 미움도 제 안에 있는 것이다.

건강한 관계는 자기 내면의 건강지수와 비례한다. 내가 나를 사랑하지 않는다면 다른 사람도 나를 사랑해 주지 않는다. 자기 자신을 진정으로 사랑할 수 있는 사람이 다른 사람도 진정으로 사랑할 수 있다. 그러므로 건강한 자기를 가꾸는 것이 중요하다. 자신을 사랑하는 사람은 사랑받는 사람이 되고, 자신을 미워하는 사람은 미움 받는 사람이 되는 것이다.

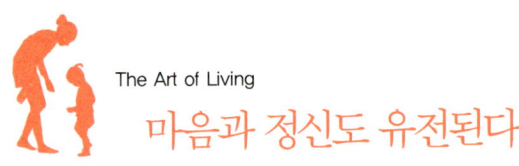

The Art of Living
마음과 정신도 유전된다

일찍이 히포크라테스는 "마음만큼 위대한 의사는 없다"고 했다. 건강의 비결은 결국 마음 관리에 있다는 말이다. 육체는 의식적이건 무의식적이건 마음 가는 대로 움직인다. 질병과 건강은 환경과 마찬가지로 우리 생각 속에 뿌리를 내리고 있다. 마음을 잘 쓰는 사람이 복 있는 사람이요 행복한 사람이다. 사람들의 삶을 관찰해 보면 생계유지형적인 삶에서 외부 지향적인 삶으로 발전해 간다. 인생이 어려울 때는 생존에 급급하게 된다. 그러나 그 단계를 지나면 눈을 밖으로 돌리기 시작한다. 이 세상에 기여하기를 원한다. 봉사하고 섬기기를 원한다. 보람을 추구하게 된다. 그러나 외부지향적인 삶이 무르익으면 사람들은 더 깊은 것을 추구하게 된다. 풍성한 삶의 원천을 내면세계에서 찾게 된다. 보이는 것에서 보이지 않는 것으로, 물질적인 것에서 정신적인 것으로, 정신적인 것에서 영적인 것으로 발전해 갈 때 한 인간은 점점 더 성숙해진다. 스티븐 코비는 인간의 삶을 세 차원으로 구분했다. 첫째는 공적인 삶이다. 사람들 앞에서 사는 삶이다. 그럴 때 보통 사람들은 자기 나름의 가면을 쓰고 산다. 둘째는 사적인 삶, 즉 가정에서 사는 삶이다. 사적인 삶에서 인간은 비교적 가면을 벗고 살지만 참으로 개방하며 살지는 못한다. 셋째는 내적인 삶이다. 내면의 세계를 가꾸며 살아가는 삶이다. 스티븐 코비는 내적인 삶이 모든 풍성한 삶의 원천이라고 했다.

많은 심리학적 보고에 의하면, 생물학적인 것만 유전되는 것이 아니다. 마음과 정신도 유전된다. 마음의 문제와 정신세계의 문제는 나의 당대에서 끝나는 것이 아니라 대물림된다. "사람들은 자신이 대우받은 대로 다른 사람을 대하는 경향이 있다"(존 볼비). "버려지고 방치되었던 엄마의 과거가 지금 엄마의 아기에게 심리적으로 반복된다"(프레이버그). 어린 시절에 방치된 채 자란 부모는 자기 자녀를 방치하고, 어려서 학대받은 부모는 다시 자녀를 학대하고, 어려서 마음이 변덕스런 부모 밑에서 자란 부모는 자녀에게 변덕스런 경향이 있다. 어려서부터 사랑과 칭찬과 격려 속에서 자란 사람은 마음이 따뜻한 사람이 된다. 반대로 불신과 억압과 질책 속에서 자란 사람은 남을 사랑하지 못하고 의심하며 매사에 부정적인 사람이 된다. 오늘 그 사람의 모습은 그의 과거를 보여 주는 거울이다. 마음을 지키는 것은 나 자신을 지키는 행위일 뿐만 아니라 나의 가족과 내가 속한 공동체를 위해서도 중요하다.

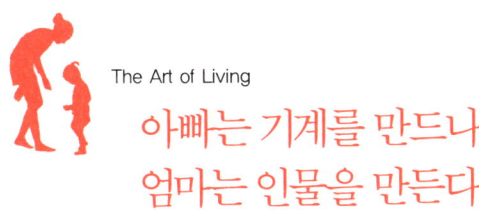

The Art of Living

아빠는 기계를 만드나 엄마는 인물을 만든다

    시인 로버트 알 브라운의 책, 『십자가의 기적』에 예수님이 십자가에 달려서 고통 당하는 자리에 서 있는 마리아를 묘사하는 장면이 나온다. 많은 사람이 예수님을 향해 조롱하고 침을 뱉었지만 어머니 마리아만은 예수님의 몸에서 흘러내리는 피로 몸을 적시며, 아들의 신음 소리를 들으면서 그의 고통에 동참하고 서 있는 대목이다. 그 순간을 브라운은 인간적인 측면에서 이렇게 묘사했다. "십자가에 달린 예수님과 그 발치에 서 있는 어머니는 생명을 주는 관계였다. 아들은 육신에 못 박혔지만 어머니는 그 영이 못 박혀서 서로가 고통에 참여함으로 아들은 어머니를 지탱해 주고 아들은 어머니를 지탱해 주었다. 여기에 영원한 승리가 있다."

"아빠는 기계를 만드나 엄마는 인물을 만든다"는 속담이 있다. 이 세상에 귀중한 업적을 남긴 사람들의 뒤에는 어머니의 사랑이 있다. 요한 웨슬리는 영국이 자랑하는 위대한 종교지도자다. 그는 영국을 도덕적 위기에서 건져 낸 인물이다. 웨슬리가 옥스퍼드 대학에 다닐 때 어머니로부터 받은 편지 내용이다. "내가 너희들을 키울 때 한 가지 중요한 뜻이 있었다. 그것은 너희들로 하여금 하나님에 대한 의무를 다하고 이웃에 대한 의무를 다하게 만드는 것, 이것이 내 자식 교육의 초점이었다."

미국의 제16대 대통령 아브라함 링컨은 그의 어머니가 세상을 일찍 떠났기 때문에 어머니의 사랑을 많이 받고 자라지는 못했다. 그러나 그가 훗날 어머니를 회고하면서 쓴 글에서 "하나님이여, 내 어머니를 축복하소서. 오늘의 나의 전부, 그리고 내일의 내가 소원하는 전부는 다 천사 같은 내 어머니로부터 온 것입니다"라고 고백했다. 아브라함 링컨이 인류 역사상 가장 위대한 인물이 될 수 있었던 것은 무엇보다도 어머니의 영향이 컸다. 어린 아들의 손에 성경을 쥐어 주면서 세상을 떠났던 어머니의 사랑이다.

노벨 문학상을 수상한 알베르트 까뮈에게 어느 기자가 이런 질문을 했다. "당신의 소설에는 절망적인 우울함이 있지만 그럼에도 불구하고 당신이 노벨상을 수상하기까지 인생을 달려올 수 있었던 삶의 힘은 어디서 나왔습니까? 당신은 자살을 많이 묘사했지만 자살하지 않고 여기까지 견디게 한 힘이 무엇입니까?" 그러자 까뮈는 "어머니이지요. 나의 어머니 때문 이었습니다"라고 했다. 까뮈는 태어난 지 한 달 만에 아버지를 여의고 홀어머니 밑에서 양육을 받았다. 어머니는 행상을 하고 가정부를 하면서 어렵게 아들을 키웠다. 그녀는 청각장애인이어서 자식의 말도 알아듣지 못했다. 20대에 까뮈가 고국인 알제리아를 떠나서 프랑스 파리로 떠나갈 때 어머니가 아들 까뮈에게 말했다. "사랑하는 아들아, 엄마가 너를 지켜볼 거야. 아들아, 엄마가 너를 지켜볼 거야." 이 한 마디가 까뮈를 붙들었다.

한국의 시인이자 영문학자였던 피천득도 안타깝게 그의 어머니가 30대에 세상을 떠났다. 하지만 그의 마음에 남아 있는 어머니의 인상은 너무도 아름답다. "30대에 세상을 떠난 우리 어머니는 얼마나 젊고 아름다웠는지 모릅니다. 내가 새 한 마리도 죽이지 않고 살아온 것은 엄마의 자애로운 마음이요, 햇빛 속에 웃는 나의 미소는 엄마한테서 배운 웃음입니다. 나의 간절한 희망이 있다면 엄마의 아들로 다시 세상에 태어나는 것입니다."

프랑스 역사에서 69명의 왕이 집권을 했다고 한다. 그 가운데서 세 명의 왕만이 백성들부터 존경을 받았다고 한다. 이 세 왕들은 모두 친어머니의 손에 의해 양육되었다는 공통점을 가지고 있었다. 다른 66명의 왕들은 모두 외부 사람들의 보살핌을 받으며 자란 왕들이었다. 어머니의 사랑을 통해 진정한 사랑을 체험한 왕은 그 사랑으로 인하여 백성들을 사랑할 수 있는 마음을 갖게 된 것이다. 어머니의 사랑은 세상 속에서 사람을 사랑하고 아끼는 삶의 에너지다.

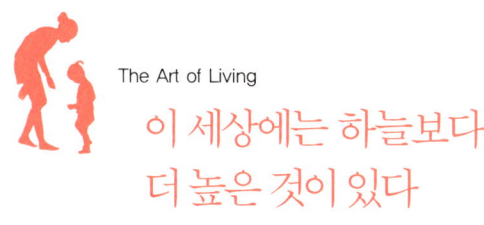

The Art of Living

이 세상에는 하늘보다 더 높은 것이 있다

　역사학자 아놀드 토인비는 "한국에서 장차 인류 문명에 크게 기여할 것이 있다면 그것은 부모를 공경하는 효 사상일 것이다"라고 했다. 효는 우리 민족에게 가장 친근한 언어요 자랑스러운 사상이었다. 효는 대한민국 5천 년 역사를 이어온 힘이었다. 그런데 2001년 발표된 유니세프(유엔아동기금) 아·태 지역 사무소가 조사한 결과 우리나라는 아시아 지역 17개 국가 중에서 아동·청소년들이 어른을 존경하지 않는 정도에서 1위를 차지했다. 중국, 홍콩, 한국, 몽골, 태국, 베트남, 파푸아뉴기니 같은 아·태 지역 17개 나라에서 만 9-17세 청소년 1만여 명을 일대일 면접으로 조사한 결과를 보면, 어른을 존경하는가라는 물음에 매우 존경한다고 응답한 비율이 17개국 평균이 72%인데 비해 우리나라는 13%였다. 어른을 존경하지 않는 것에서만 그치지 않았다. 권위 있는 사람을 존경한다는 응답률에서도 우리나라 청소년들은 5%로 17개국 평균 53%와는 비교도 되지 않았다. 청소년 세대가 기성세대를 존경하지 않는 요인을 여러 면에서 찾을 수 있겠지만, 기성세대와 어른에 대한 존경심이 사라져 가고 있다는 것은 효 정신이 약화되어 가고 있다는 증거다.

1995년 6월 29일 완공된 지 5년밖에 안 된 삼풍백화점이 갑자기 무너졌다. 대한민국 국민뿐만 아니라 전 세계 언론이 경악을 금치 못했던 일이었다. 매몰된 현장에서 죽음과 싸워 이겨 낸 세 젊은이가 구출되었다. 11일 만에 최모 군, 13일만에 유모 양, 17일만에 박모 양이 기적처럼 구출되었다. 이 세 젊은이를 보면서 한 목사님이 성도들에게 선포했다. "기적적으로 살아난 사람들은 모두 기독교인일 것입니다. 아니 적어도 한 명은 기독교인일 것입니다." 놀라운 것은 기독교인은 한 명도 없었지만 기적적으로 살아난 젊은이들 모두가 부모님께 효도하는 이들이었다는 것이다. 이 목사님은 그때부터 효라는 관점에서 성경을 보기 시작했다고 한다. "만일 어떤 과부에게 자녀나 손자들이 있거든 저희로 먼저 자기 집에서 효를 행하여 부모에게 보답하기를 배우게 하라. 이것이 하나님 앞에서 받으실 만한 것이니라." 그는 효의 실천을 위해 전문대학원까지 세우게 됐다. 아름다운 이야기다.

장미보다 더 아름답고 보배보다 더 고귀하며 하늘보다 더 높은 것이 부모의 사랑이다. 세상에 부모의 사랑보다 더 긴 것은 없고 더 높은 것은 없고 더 강한 것은 없다. "높고 높은 하늘이라 말들 하지만 나는 나는 높은 게 또 하나 있지 낳으시고 기르시는 부모님 은혜 푸른 하늘 그보다도 높은 것 같애"라는 노랫말은 진실이요 진리이다. 어느 연로한 권사님이 버스를 탔다. 차 안에는 빈자리가 보이지 않았다. 경로석에는 젊은 아가씨가 앉아 있었다. 권사님이 아가씨를 보고 이야기했다. "아가씨, 내가 이 자리에 좀 앉았으면 좋겠는데." 아가씨가 정색을 하며 말했다. "왜 그래야 되죠? 저도 요금을 내고 탔는데." 권사님이 웃으며 말했다. "이봐 아가씨, 이 자리는 요금 안 낸 사람들이 앉는 자리야." 성경은 공자가 태어나기 약 천 년 전에 효를 명하고 있다. "네 부모를 공경하라." 효는 우리 마음에서부터 경로석을 내어드리는 것이요 축복의 통로다.

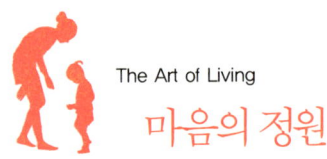

The Art of Living
마음의 정원

유명한 화이트 헤드 박사가 예수를 믿게 된 동기에 대해 읽은 적이 있다. 그가 어느 날 교회에 출석했다. 당대의 석학이 교회를 나왔기 때문에 그 교회 목사님이 흥분을 했다. 그 다음 주일부터 목사님의 설교가 갑자기 어려워지기 시작했다. 당대 석학이 알아듣도록 설교하기 위해 철학과 과학 서적을 열심히 찾아 연구했다. 나중에 목사님이 화이트 헤드 박사를 만나 어떻게 예수를 믿게 됐고, 어느 설교에 감동을 받았느냐고 묻자 대답하기를 "당신의 설교에서는 감동받은 것이 없다"고 하면서 이러한 이야기를 들려주었다고 한다. 눈 오는 어느 날 외출을 했다가 어느 할머니가 눈에 빠져 죽음의 위험에 처해 있는 것을 보고 눈구덩이에서 건져드렸는데 그 얼굴에 평화가 가득했다. "지금 돌아가시려고 하는데 할머니께는 어떻게 그런 평화가 있고 찬송이 있으십니까?" 하고 물었더니 할머니는 "내가 지금 천국을 생각하고 있다오"라고 대답했다. 화이트헤드는 충격을 받았다. "저 할머니에게 있는 미소는 어떤 것일까?" 그래서 교회에 나왔다고 했다.

  우리가 아는 존 웨슬리는 참으로 많은 일을 했다. 수많은 책을 쓰고, 수많은 사람의 영혼을 구원하고, 수많은 사람에게 감동을 주는 일을 했다. 웨슬리가 그렇게 많은 일을 할 수 있었던 삶의 비결은 마음을 지키는 것이었다고 한다. 웨슬리의 삶의 비결은 영혼의 평강을 깨뜨리는 일을 삼가는 것이었다. 마음의 평강이 깨지지 않도록 마음을 지키는 일에 주의했다.

  세상을 살아가면서 육체의 고통보다 더 견디기 힘든 것이 마음의 고통이다. 마음이 상처를 입고 마음이 병들면 인생살이가 힘들어진다. 마음이 우울하고 침체 속에 들어가면 세상은 모두 어둡게만 보인다. 숲 속에서 새가 지저귈 때 어떤 사람은 그 소리를 두고 새가 노래하는 것이라고 하고, 어떤 사람은 우는 것이라고 한다. 마음이 다르기 때문이다. 조류학자가 아닌 이상 새가 우는지 노래하는지 알고 말할 사람은 없다. 문제는 마음이다. 이 사람 마음 속에는 기쁨이 있고, 저 사람 마음속에는 슬픔이 있기 때문이다. 새들의 상태와는 상관없이 내 마음에 따라 우는 듯이 들리기도 하고 노래하는 듯이 들리기도 한다. 이처럼 우리는 자기 마음대로 사물을 보고 세계를 본다. 마음에는 이렇듯 양면성이 있다. 마음을 올바르게 사용하면 훌륭한 도구가 된다. 하지만 잘못 사용하면 마음은 무서운 파괴력을 드러낸다. 인생의 많은 문제는 마음의 문제와 관련되어 있다. "모든 지킬 만한 것 중에 더욱 네 마음을 지키라 생명의 근원이 이에서 남이니라." 마음은 정원과 같다. 정원은 가꿀수록 아름답듯이 마음의 정원도 가꿀수록 아름답다.

The Art of Living
무형의 자산

　1930년대 대공황이라는 절박한 시대적 상황 속에서 루즈벨트 대통령의 부인 엘레너 루즈벨트는 어려운 현실에 처한 사람들에게 이렇게 호소했다고 한다. "스스로의 문제에는 머리를 써도 되지만, 다른 사람의 문제에서는 마음을 써야 한다… 돈을 잃은 사람은 잃은 것이 적지 않겠지만, 친구를 잃은 사람은 그보다 더 많은 것을 잃은 것이다. 그러나 믿음을 잃으면 모든 것을 잃는 것과 다를 바 없다… 아름다운 젊은이들은 자연의 우연적 소산일 수 있지만, 아름다운 노년은 인생에 대한 예술적 노력의 결과이다… 어제는 이미 지난 과거의 역사이고, 내일은 여전히 알 수 없는 신비로움이지만, 오늘이란 은총으로 주어진 선물이다."

　물질로 인해 고난에 휘청거리고 있는 미국의 서민들에게 그녀가 모든 것을 잃어도 마음, 믿음과 같은 무형의 정신적 자산을 상실하지 말라고 호소한 것은 우리를 감동시킨다. 지식이 뛰어난 사람이 마음이 깊은 사람을 이기지 못하는 법이다. 우리는 마음을 쓰는 일이 머리를 쓰는 일보다 앞서야 한다. 마음을 잘못 쓰는 데서 온갖 인간사의 갈등과 대립이 일어난다. 인간의 마음이란 그 모든 것을 앞에서 이끌어 가는 선도자이다. 마음이 교활해지면 머리 쓰는 것도 교활해지고 마음이 너그러우면 머리 쓰는 것도 타자를 세세히 배려하는 힘을 얻게 된다. 마음이 활달하면 머리 쓰는 방식도 밝고 건설적이다.

  자신에게 주어진 생명의 은총을 선하게 쓰지 못하는 것은 모두 마음이 바로 서 있지 못하고 병들었기 때문이다. 다른 사람들의 행복에 보탬이 되는 결과를 가져오는 것이 진정으로 머리가 좋은 것이다. 그러자면 먼저 마음에 그런 뜻이 길러져야 하고, 그런 의지가 열심히 자라나 주어야 한다. 마음이란 생각의 들판에서 길을 만드는 근본이 되는 힘이다. 그래서 마음이 깊으면 생각하는 바가 깊고, 마음이 넓으면 생각하는 바 또한 넓으며, 마음이 따뜻하면 생각하는 것 역시 따뜻한 능력을 갖게 되는 것이다.

  무형의 정신적 자산을 키우는 가장 중요한 길은 우리의 마음과 몸에 하나님 나라의 선한 힘이 주도권을 갖게 하는 것이다. 그 힘이 우리 안에서 강력하게 모든 것을 이끌어 나가도록 하는 것이 바로 예수께서 가르치신 대로, "하늘의 뜻이 이 땅에 이루어지이다"라는 기도가 완성되는 출발인 것이다.

The Art of Living
호수 같은 존재가 되어라

한 어머니의 이야기이다. 미국에 살고 있는 아들과 딸을 보기 위해 미국을 방문했다. 공항에 내려서 어머니는 먼저 아들 집에 갔다. 사랑하는 아들 집에서 어머니는 감격했다. 며느리가 음식을 준비했다. 식탁에 함께 앉았다. 그런데 식탁에 앉아 함께 밥을 먹는 사람은 아들이 아닌 며느리였다. 아들은 한쪽에서 아이에게 우유를 주고 며느리는 시어머니와 함께 식사를 했다. 그날 밤 어머니는 견딜 수가 없었다. "내가 어떻게 키운 아들인데 감히 며느리가 시어머니와 겸상을 하고 내 아들에게 우유병을 쥐어 줄 수 있단 말인가." 아침에 일어난 어머니는 며느리가 보기 싫어서 짐을 싸 딸 집으로 갔다. 그런데 그날 저녁에도 같은 일이 벌어졌다. 딸이 저녁을 준비하고 식탁에 앉아서 식사를 했다. 딸은 어머니와 함께 식탁에 앉아 식사를 했고 사위는 우유병을 들고 아이에게 우유를 먹였다. 어머니는 사위가 사랑스러워 보였다. "어쩌면 저렇게 사랑스럽고 자상한 남자가 있단 말인가. 내 딸을 이토록 사랑해 주다니." 감격하고 또 감격했다. 두 집 다 남자가 아이에게 우유를 먹였는데 어머니의 마음은 극과 극을 달렸다. 이렇게 마음가짐에 따라 천국과 지옥을 오가는 존재가 인간이다. 마음에는 양면성이 있다. 마음을 올바르게 사용하면 훌륭한 도구가 된다. 잘못 사용하면 마음은 대단한 파괴력을 갖는다. 인생의 많은 문제는 마음을 잘못 사용함으로 일어난다.

불평과 불만을 입에 달고 사는 제자가 있었다. 하루는 스승이 그를 불러 소금 한 사발과 마실 물 한 컵을 가져오라고 했다. 스승은 가져온 컵에 소금을 한 움큼 집어넣더니 그것을 마시라고 했다. 당황하며 소금물을 마신 제자에게 스승이 물었다. "맛이 어떠냐?" 그러잖아도 불만이 많은 제자인데 긍정적인 대답이 나올 리 없었다. 퉁명스럽게 "짭니다"라고 했다. 이번에는 스승이 제자를 호수로 데려갔다. 조금 전에 컵에 넣었던 것과 같은 양의 소금을 호수에 뿌리게 했다. 컵으로 호수 물을 떠서 마시게 하고 똑같은 질문을 던졌다. "맛이 어떠냐?" 그러자 제자가 대답했다. "시원합니다. 짜지 않습니다." 말이 끝나자 스승이 이렇게 훈계했다고 한다. "인생의 고통은 소금과 같은 것이다. 짠 맛의 정도는 담는 그릇에 따라 달라지는 법이란다. 네 속에 고통이 있고 원망과 불평할 일이 생긴다면 그때 너는 컵과 같은 존재가 되지 말고 호수와 같은 존재가 되어라." 사람의 마음은 사랑하면 넓어지고 미워하면 좁아진다. 사랑할 때 마음이 넓어진다.

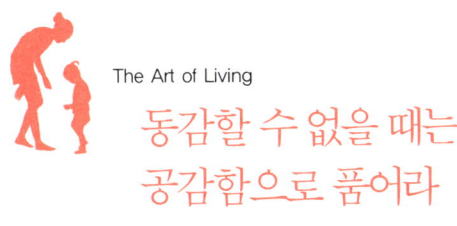

The Art of Living
동감할 수 없을 때는 공감함으로 품어라

어느 신혼부부가 소리를 지르며 싸움을 하고 있었다. 화가 난 남편이 아내를 보고 말했다. "주례자가 남편은 하늘이고, 아내는 땅이라고 했잖아. 그것도 잊어버렸어?" 그러자 아내도 지지 않고 소리를 질렀다. "요즈음 땅 값이 하늘 위로 치솟는 것도 몰라요?" 인간은 어떤 것을 경험하고나면 그 경험 때문에 자기 나름의 주관을 갖게 된다. 그리고 그 경험을 절대화하는 경향이 생긴다. 생각의 차이가 발생한다. 때문에 삶에는 지혜가 필요하다. "동감할 수 없는 사람은 공감함으로 품으라"는 말이 있다. 공감은 그 사람의 감정을 이해하려는 마음으로 그 사람의 입장이 되는 것이다. 우리는 가끔 품기 어려운 사람들을 만나게 된다. 결코 동의할 수 없고,

동감할 수 없는 사람을 만난다. 어떻게 하면 그 사람들을 품을 수 있을까? 공감하는 마음으로 품어야 한다. 동의란 당신과 나의 생각이 같다는 뜻이다. 동감이란 상대방과 함께 같은 상황에서 같은 느낌을 받는 것이다. 그러나 공감이란 생각과 느낌이 다르더라도 상대방의 입장에서 상대방의 느낌을 이해하는 것이다. 공감은 내가 하는 것임으로 언제, 어디서라도 가능하다. 동의하지 못하고 동감하지 못해도, 공감하면 사람을 품을 수 있다. 상대방을 공감함으로 나누는 대화는 아름답고 생산적이다. 비록 동의나 동감은 할 수 없을지라도 공감은 할 수 있는 사람은 아름다운 사람이다. 우리는 공감하는 능력을 길러야 한다. 만나는 사람들과 공감대를 형성할 때 오해를 넘어 이해하고, 이해를 넘어 화해하고, 화해를 넘어 사랑할 수 있다. 성경에서 인간에게 가르치는 중요한 원리가 바로 "공감의 능력"이다. 하나님의 아들이 이 땅에 오셔서 죄인과 같이 되신 성육신 사건을 통해서 우리에게 가르쳐 주는 교훈은, 하나님의 사랑은 인류를 공감하시는 하나님의 마음으로부터 시작된다는 것이다.

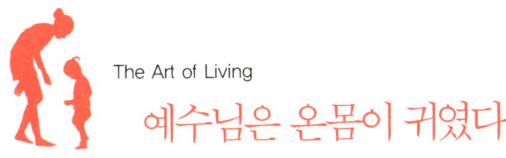

The Art of Living
예수님은 온몸이 귀였다

깊이 있는 말을 하는 사람, 감동을 주는 말을 하는 사람을 주의 깊게 관찰해 본 적이 있는가? 그들이 그렇게 깊이 있는 말을 하고 사람들에게 감동을 주는 말을 하는 비결이 무엇인지 알아본 적이 있는가? 그 비결은 그들이 말을 잘하기 전에 듣기를 잘한다는 것이다. 사람의 말하는 실력은 듣는 능력과 비례한다. 영감 있는 시인들을 보라. 그들의 시를 한번 읽어 보라. 그들이 영혼 깊은 시를 남길 수 있었던 것은 먼저 세상의 소리를 듣기에 능한 사람들이었기 때문임을 알아야 한다. 시인들은 영혼 깊은 시를 내놓기 위해 먼저 새소리, 물소리, 바람 소리, 사람들의 소리를 들을 줄 아는 사람들이다.

자기의 말을 줄이고 다른 사람의 말을 경청한다는 것은 물론 쉬운 일이 아니다. 본회퍼는 "가장 어려운 봉사는 상대방의 말을 진실로 경청하는 것"이라고 했다. 다른 사람의 말을 귀 기울여 잘 듣는다는 것은 참으로 많은 인내와 수양이 필요하다. 경청은 그래서 겸양의 행동이고 배려의 처신이다. 경청은 또한 남의 생각이나 지혜를 자연스레 자기 것으로 만들 수 있는 현자의 덕목이라 할 수 있다.

헨리 나우웬은 "예수님은 온몸이 듣는 귀였다"고 했다. 그리스도인이란 말을 잘하는 사람이 아니라 잘 듣는 사람이다. 폴 틸리히는 "사랑의 첫 번째 의무는 듣는 것이다"라고 했다. 그리스도의 사랑을 실천하는 자의 첫 번째 덕목은 다른 사람의 말을 잘 듣는 것이다. 단지 귀로만 듣는 데 그치는 것이 아니다. 적극적으로 말하는 사람의 입장이 되어 듣는 것이다. 잘 듣는 것은 그리스도인이 누릴 수 있는 복이기도 하다. 실제로 과다한 수다는 자기를 소외시킨다. 말을 많이 하고 난 후 찾아오는 공허함을 경험해 본 적이 있는가? 사람들은 자기를 보호하고 싶어서 말을 많이 하지만 실제로는 그것 때문에 상처 받고 절망하게 되는 경우가 더 많다.

우리의 언어생활 가운데 일어나는 대부분의 문제는 '말을 잘못하는 데'서 기인하기보다는 '말을 잘못 듣는 데'서 기인한다. 때문에 우리의 언어생활 속에서 모든 종류의 갈등 해결의 실마리는 바로 성숙된 경청에 있다. 우리는 잘 듣는 사람이 되게 해 달라고 기도해야 한다. "내 사랑하는 형제들아 너희가 알지니 사람마다 듣기는 속히 하고 말하기는 더디 하며 성내기도 더디 하라"고 했다. 보이는 사람의 말을 잘 들을 줄 아는 사람이 보이지 않는 하나님의 음성도 잘 들을 수 있을 것이다.

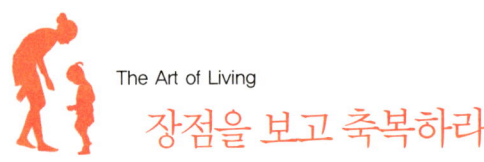

The Art of Living
장점을 보고 축복하라

축도(benediction)라는 말의 어원은 "좋은 말을 해 주다"에서 왔다. 우리가 다른 사람을 향해 좋은 말을 하면서 복을 빌고 있다면 사실 그 자체가 축도이다. 사람들 가운데 잘한 일에 대해서는 칭찬할 줄 모르고 잘못한 일만을 가지고 꾸중을 하는 사람이 있다. 이런 사람은 심리학적으로 보면 상당히 메마른 사람이다. 그리고 열등감이 많은 사람일수록 남을 위로하고 칭찬하는 말을 할 줄 모른다. 자녀를 사랑하는 가장 소중한 방법은 자녀를 축복하며 기도해 주는 것이다. 축복기도는 인간관계를 원만하게 한다. 히브리 민족이 자녀들을 축복하는 것을 연구해 보면, 주로 자녀들의 장점을 따라 축복하는 것을 본다. 자신의 장점을 구체적으로 듣고 자란 자녀는 다른 사람의 장점을 발견하고 그 장점을 표현하는 언어 구사에서 탁월해진다. 축복과 격려를 받고 자란 사람은 다른 사람의 좋은 면을 보는 데 익숙하다. 그리고 다른 사람을 축복하는 것을 좋아한다. 이런 태도로 사람들을 대하면 인간관계를 잘하게 된다. 모든 성공과 형통의 비결은 관계에 있다.

교육 심리학자들이 주는 지혜 가운데 하나는, 잘한 일에 대해서는 칭찬을 하고 잘못한 일에 대해서는 위로와 격려를 해야 한다는 내용이다. 격려(encouragement)는 용기(courage)를 북돋아 플러스 감정(plus emotion)을 일으키기 때문에 격려를 받는 사람은 실패라는 마이너스 감정을 극복하고 다시 새롭게 시도하고자 하는 탐구 정신을 갖게 된다. 격려는 근면성을 높이는 가장 좋은 방법이다. 그러나 격려가 결여되면 사람은 근면성을 침해받게 되고 열등감을 갖게 된다. 열등감은 자신감을 빼앗고 어두운 인생을 살게 한다. 이런 의미에서 사람을 칭찬하고 격려하기보다는 무시하고 책망하는 사람은 주변 사람의 일생에 중대한 악영향을 미치게 된다. 나아가 사람들이 살아가면서 칭찬과 위로와 격려가 간과될 때 자율성이 발달하는 대신에 의심(doubt)과 수치심(shame)이 형성된다. 특별히 자라나는 어린아이에게 격려가 간과되면 의심과 수치심에 노출되고, 이런 아이는 독창력(initiative)과 창의력(creativity)이 현저히 침해를 받는다.

축복과 격려를 받고 자란 사람은 다르다. 축복과 격려를 받고 일하는 사람은 다르다. 축복과 격려를 받고 자란 사람은 자기를 귀하게 볼 줄 안다. 격려의 말, 축복의 말은 아무리 많이 해도 바닥나지 않는다. 나 홀로 촛불을 켜서 예배당을 밝게 할 수 없지만 우리 모두가 함께 각자의 촛불을 켤 때는 예배당 안을 밝게 할 수 있다. 우리의 작은 위로의 말과 우리의 작은 사랑의 실천 하나가 우리를 밝게 만든다. 사람들에게 선물을 줄 때도 선물을 준다고 생각하기보다는 사랑을 준다고 생각하며 사랑의 씨앗을 항상 심어야 한다.

지성의 최고 상아탑인 옥스퍼드 대학과 캠브리지 대학에서 한 해에 약 20,000부의 설교가 회자되고, 언어 감각에 있어서는 세익스피어에 필적할 만한, 그리고 영문학적으로도 기억될 만한 광채를 지녔을 뿐만 아니라, 100년 이상이 지난 오늘날에도 이상적인 설교자로서 설교의 왕자라는 칭함을 받는 찰스 스펄전도 어린 시절 한 목사님의 격려에 큰 영향을 받았다. 어린 시절 한 설교 대회에 참석한 후, 출석하던 교회의 목사님이 스펄전에게 와서 작은 선물을 주면서 귀에 대고 "너는 설교를 참 잘하는 구나. 장차 너는 자라서 훌륭한 설교자가 될 거다" 하고 격려를 해 주었다. 그의 자서전에서 그가 11살 때 들었던 격려의 말을 심중에 두고 이렇게 기록하고 있다. "나는 가능성이 있는 사람이다. 나는 분명히 위대한 설교자가 될 것이고, 내가 증거하는 말씀을 통해서 엄청나게 많은 사람이 구원받을 수 있을 것이다." 스펄전의 가슴에 이런 꿈과 비전을 갖게 한 것은 바로 격려였다. 이 땅에서 우리가 살아가는 동안 우리가 하는 일의 절반 이상이 말로 할 수 있는 일이다. 말로 다른 사람을 인정 해주며 말로 칭찬하고 말로 이웃을 축복해 줄 수 있다. 하지만 우리는 돈 한 푼 안 들이고 말로 할 수 있는 일들을 잘하지 않는다.

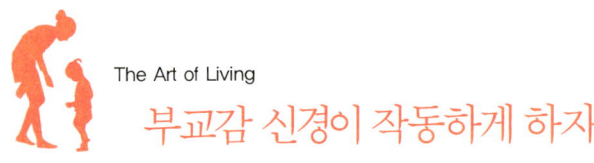

The Art of Living
부교감 신경이 작동하게 하자

    눈물의 맛은 대체로 짜다고 알려져 있다. 눈물은 염소와 나트륨이 대부분이고 단백질, 당질, 칼슘, 칼륨 등이 소량 포함되어 있다. 인간의 눈은 스스로 먼지나 티 같은 것을 제거하고 안구를 보호하기 위해 하루 약 0.6cc의 눈물을 흘린다고 한다. 인간의 몸에는 심장, 위, 신장, 방광 등을 지배하는 자율신경이 있다. 자율신경은 우리의 뇌 속 의지와는 관계없이 움직인다. 자율신경에는 교감신경과 부교감신경이 있다. 교감신경은 불안, 공포, 초조, 시기, 질투, 분노, 욕심, 미워하는 마음이 있을 때 작동한다. 부교감신경은 위로하고 격려하고 사랑하고 기뻐할 때 작동한다. 위로하고 격려하며 축복할 때 부교감신경이 발달한다. 눈물은 교감신경과 부교감신경이 작용을 하면서 나온다. 분하거나 억울할 때 흘리는 눈물은 교감신경의 작용이다. 기쁘거나 슬픔에 겨워 눈물을 흘리게 되는 것은 부교감신경의 작용이다. 교감신경에 의해 나오는 눈물은 짠맛이 강하고 부교감신경에 의해 나오는 눈물은 그 맛이 순하다고 한다.

한 가정 사역 단체에 따르면 "나에게 상처를 주며 고통을 준 사람이 누구인가?"라는 질문에 40.7%가 아버지, 32.1%가 어머니, 27.2%가 집안 식구라고 응답했다. 자녀에게 상처를 준 순위에서 1위에서 3위까지가 가족이었다. 현대인의 가정에서 자녀들에게 칭찬하고 위로하기보다는 상처를 더 많이 준다는 증거다. 행복한 인생, 행복한 가정을 이루려면 교감신경의 작동을 줄이고 서로 위로하고 격려함으로 부교감신경이 활발하게 작동하게 해야 한다. 자녀의 잠재력을 깨우려면 분함이나 억울함의 눈물보다는 기쁨과 감동의 눈물을 흘리게 해야 한다.

뇌를 연구하는 학자들에 의하면 인간의 뇌의 무게는 약 150g이고 세포 수는 약 140억 개 정도 된다고 한다. 보통 사람은 뇌를 평생 10%도 사용하지 못한 채 죽는다고 한다. 갤럽 박사는 아인슈타인도 뇌를 15%밖에 사용하지 못했다고 했다. 미국의 심리학자 로젠 소올 교수의 실험 이야기다. 초등학교 학생들의 IQ 테스트를 한 후, 테스트 결과를 보지도 않고 5명당 1명 정도의 아이들을 무차별 선정하여 아이들 앞에 세우고 "오늘 테스트 결과 이 아이들은 아주 머리가 우수한 아이들"이라고 칭찬과 격려를 해 주었다. 그 후 1년이 지나 똑같은 아이들에게 IQ 테스트를 했다. 결과는 칭찬과 격려를 받은 아이들이 다른 아이들에 비해 지능이 월등히 상승했음을 알 수 있었다. IQ가 20 이상 올라간 아이도 있었다. "멍청한 놈, 바보, 돌대가리"라는 말을 들으면 잠재력이 현저히 침체되어 버린다. 그러나 "야! 대단하네. 잘했다, 잘했어. 넌 역시 뭔가 있어"라고 칭찬과 격려를 들으면 잠자던 잠재력이 깨어나기 시작한다. 도로시 놀트는 "만일 자녀가 갈등 속에 자라면 싸움을 배운다. 만일 자녀가 두려움을 가지고 자라면 염려를 배운다. 만일 자녀가 동정을 받으며 자라면 스스로를 애처롭게 여긴다. 만일 자녀가 조롱을 받으며 자라면 수치심을 배운다. 만일 자녀가 창피를 당하며 자라면 죄책감을 배운다. 만일 자녀가 격려를 받으며 자라면 자신감을 배운다. 만일 자녀가 관용 속에 자라면 참을성을 배운다. 만일 자녀가 칭찬 속에서 자라면 칭찬을 받는 것을 배운다. 만일 자녀가 인정을 받으며 자라면 사랑을 배운다"고 역설했다.

 3천 명 이상의 고아를 기른 고아의 아버지 조지 뮬러도 청소년 시절에는 동네의 심각한 부랑아였다. 경찰서를 자기 집처럼 들락

거리다가 결국은 교도소에 들어갔다 오기도 했다. 어느 날 동네 목사님에게 상담을 하러 간 그에게 목사님은 이렇게 말했다. "조지, 나쁜 버릇은 하루아침에 고칠 수 없지만 하나님은 한 번 택한 자녀는 절대로 버리지 않으신단다. 낙심하지 않고 노력만 하면 조지는 반드시 훌륭한 사람이 될 거야." 이 말이 그의 영혼을 흔들었다. 이 한마디 말이 뮬러로 하여금 아버지와 화해하고 새벽 4시에 일어나 공부하게 했고, 기독교사에 빛나는 인물이 되게 했다.

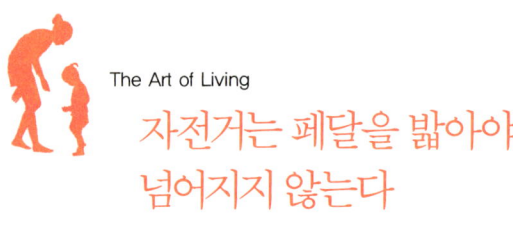

The Art of Living

자전거는 페달을 밟아야 넘어지지 않는다

토마스 아 켐피스는 "다른 사람들을 당신이 원하는 대로 만들 수 없다는 사실에 분노하지 말라. 당신 자신조차 당신이 원하는 대로 만들 수 없기 때문이다"라고 했다. 그렇다. 나 자신조차도 변화시킬 수 없는 내가 다른 사람을 변화시키는 것은 참으로 어려운 일이다. 그러나 변화시킬 수 있는 길이 있다. 그것은 격려와 사랑이다. 지글러는 "격려하는 것, 그것은 영혼의 산소를 공급하는 것과 같다. 정말 위대한 일을 항상 격려받고 일하는 사람이 성취해 낸다. 격려받지 않고도 오랫동안 행복을 누리면서 생산적으로 살았던 사람은 아직까지 없다"라고 했다. 사람을 변화시키려고 하지 말고 사랑하라는 말은 진리이다. 미국의 유명한 화가 벤저민

웨스트의 어린 시절의 이야기이다. 어느 날 동생 쉘과 집을 보던 그는 물감이 가득 든 통을 발견하고는 동생의 초상화를 그리기 시작했다. 한참 그리는 동안 물감이 여기저기 흩어지고 벽도 더러워졌다. 밖에 나갔다가 집에 돌아온 그의 어머니는 그를 꾸중하지 않고 흰 종이에 몇 자를 써 벽에 붙였다. 왜 그랬느냐는 것이었다. "동생 쉘의 초상화를 그려 보느라고 그랬어요"라는 그의 대답을 들은 어머니는 벤저민의 뺨에 입을 맞추며 칭찬해 주었다. 나중에 유명한 화가가 된 벤자민은 "어머니의 사랑과 그 격려가 나로 하여금 유명한 화가가 되게 했다"고 술회했다.

인생의 많은 문제가 언어 때문에 발생한다. 사람들은 긍정적인 말보다는 부정적인 말을 이해하기 위해서 무려 48%나 더 많은 시간과 에너지를 필요로 한다는 언어심리학적 연구가 있다. 우리가 누군가를 사랑하는 길은 바로 부정적인 말을 그에게 하지 않는 것으로부터 시작한다는 진리를 알아야 한다. 자녀와 남편과 아내 그리고 친구를 사랑하는 가장 좋은 방법이 바로 '긍정의 언어'임을 알아야 한다. 상대방을 향한 긍정의 언어와 축복의 말은 상대방에게 삶의 동기를 부여하는 역동적인 힘이 있다. 성경에 보면, 야곱이 그의 아버지 이삭에게 축복을 받은 이야기가 있다. 야곱의 어머니는 야곱이 아버지 이삭에게 거짓말을 하게 하고 형 에서 대신 축복을 받게 한다. 이 장면을 대할 때마다 어쩌면 저렇게 거짓말을 할 수 있을까 하는 생각이 든다. 하지만 이 이야기를 통해 놓치지 말아야 할 메시지가 있다. 이 이야기는 결코 거짓말을 정당화시키는 데 목적이 있지 않고 "이토록 축복이 중요"하다는 것을 강조하는 것이다.

부모의 칭찬과 축복의 결핍이 자녀들로 하여금 때로는 결혼의 실패를 경험하게 하고 인생에서 엄청난 정신적 고통을 수반한다는 보고가 있다. 부모로부터 칭찬과 축복을 받지 못하고 자란 자녀들은 그들의 믿음까지도 방해를 받는다고 한다. 모든 인간은 인정받고 사랑받고 싶은 열망이 있다. "사람들이 나를 무엇이라 생각하든지 상관하지 않아"라고 큰 소리로 말하는 순간에도 내심 모든 사람은 모든 인간관계 속에서 사랑을 열망한다.

자전거는 계속해서 페달을 밟을 때 넘어지지 않는다. 자녀와 남편과 아내와 친구를 변화시키려 하지 말고 격려하고 축복해야 넘어지지 않는다. 비판은 비판을 낳고, 격려는 격려를 낳고, 축복은 축복을 낳는다. 성숙한 사람에게는 칭찬이 필요하지 않다고 생각할 수 있다. 그렇지 않다. 윌리암 제임스는 "인간의 본성 속에 가장 깊이 자리 잡고 있는 것은 진가를 인정받고 싶어 하는 열망이다"라고 했다. 믿음의 조상 아브라함과 하나님의 벗 다윗도 하나님의 격려와 축복이 필요했다. 마크 트웨인은 "나는 칭찬 한 마디면 두 달을 살 수 있다"라고 했다.

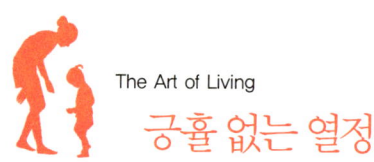

The Art of Living
긍휼 없는 열정

　현대 문명에 있어 공동체 분해 현상은 심각한 문제라 할 수 있다. 때론 이 같은 현상이 개인적, 국가적 혹은 세계적인 위기를 자초하여 개인을 다시 공동체로 묶어 주기도 한다. 공동체란 인간이 서로 삶을 공유할 수 있는 곳, 그 의미를 찾아 서로 연합하는 곳이다. 크든 작든 공동체의 구성원이 서로 공유한 것이 별로 없을 뿐 아니라 함께 사랑과 고통을 나누는 일에 연합하는 것을 꺼리게 되면 그런 공동체는 곤경에 처하게 된다. 긍휼로 발전된 열정, 바로 그 위에 인간 공동체가 서야 한다. 그곳에서 구원을 추구하는 사랑과 고통의 나눔이 이루어진다. 함께함이 없는 열정, 공유함이 없는 열정은 위험한 것이다. 긍휼 없는 열정은 사랑과 고통이란 이중 의미를 상실하고 만다. 그런 열정은 걷잡을 수 없는 권력욕이 되어 다른 사람을 집어삼키고 그들을 통제하며 심지어 파멸시키기까지 한다. 맹목적으로 하는 열정적 사랑은 겁나는 것이다. 정치에 있어 권력을 향한 열정은 잔혹한 열정이 되어 버린다. 종교의 경우도 마찬가지다. 긍휼 없는 열정은 두려운 것이 될 수 있다. 그런 종류의 열정을 하나님께 적용하면 진노로 나타난다. 열정적 하나님은 진노하는 하나님이 되어 그런 하나님을 진정시키려면 기도와 찬양 그리고 희생, 심지어 인간 희생까지도 동원되어야 한다. 하지만 그런 하나님은 복수심에 불타는 인간의 마음이 위조한 하나님일 뿐이다. 하나님은 자비로우신 하나님이다. 우리를 사랑하시고 우리와 함께 고통당하시는 하나님이다.

복음서에 보면 예수님이 "무리를 보시고 민망히 여기셨다"는 내용이 있다. 민망히 여기셨다는 것은 창자가 뒤틀리고 찢어지는 고통을 느끼셨다는 의미다. 무엇 때문에 이런 고통을 느끼셨는가? 목자 없는 양과 같이 고생하며 유리하는 백성들 때문이다. 유리하는 사람들을 보면서 주님은 창자가 찢어지는 아픔을 느끼셨다. 이것이 긍휼이다. 사람을 대할 때 불쌍히 여기는 마음이다. 긍휼은 사랑스런 감정이요, 부드러운 감정이요, 애끓는 사랑의 감정이다.

사과씨를 심어 놓고 포도 열매가 맺히기를 기도하는 사람은 지혜로운 사람이 아니라 어리석은 사람이다. 인생은 공평하지는 않아도 정직하다. 심는 대로 거둔다. 그리스도인들이 이 세상을 살아가면서 자연법칙에만 의존하여 살아서는 안 되지만 자연법칙을 무시해서도 안 된다. 그리스도인들이 오히려 비그리스도인들보다 자연법칙을 더 잘 지켜야 한다. 다른 사람을 긍휼히 여길 때 우리의 마음이 부드러워지고 풍성해진다. 성 프란시스가 만일 우리를 괴롭히는 사람이 있다면 그가 다른 사람을 괴롭히기 위해 품고 있는 그의 마음을 보고 그를 불쌍히 여기라고 했듯이, 다른 사람을 힘들게 하기 위해 쏟는 에너지, 그런 마음을 갖게 된 황폐한 마음이 주는 비극을 보고 오히려 그를 긍휼히 여기라고 했듯이, 우리는 서로를 긍휼히 여기는 삶을 살아야 한다. 우리 인생들에게 긍휼히 여기는 삶은 선택 과목이 아니라 필수과목이다.

The Art of Living
사랑의 힘

에리나라는 78세 된 할머니의 이야기다. 이 할머니의 평생 소원은 담배를 끊는 것이었다. 50년 동안 클리닉에도 가 보고 수많은 노력을 다했지만 담배를 끊지 못하고 78세가 되었다. 할머니는 79세 된 제이슨이라는 노인과 연애를 시작하게 된다. 어느 날 제이슨이 할머니를 향해 "나는 당신과 결혼하고 싶은데 한 가지 때문에 할 수가 없을 것 같다. 당신이 담배를 피우는데 같이 살 생각을 하니 한심하다"고 했다. 그러자 이 할머니는 "그래요? 그러면 끊지요"라고 하며 그 순간부터 담배를 끊었다. 50년간의 걱정거리가 한순간에 해결되었다. 할머니는 자기의 경험을 잡지에 기사로 썼다. 기사의 마지막 줄에 "나는 이 경험을 통해서 사랑의 힘은 의지의 힘보다 위대하다는 것을 깨달았다"고 기술했다. 자기의 의지로 끊으려고 노력할수록 유혹이 더 강해졌다. 그러나 사랑하기 시작하자 그 사랑은 순식간에 삶을 변화시키기 시작했다.

삶에 일어난 놀라운 변화의 비밀은 도덕적인 변화가 아니라 사랑의 변화이다. 사랑은 지혜를 준다. 사랑할 때 명랑해지고 명랑할 때에 창의력도 생기고 식별력도 생긴다. 일본에 미우라 아야코라는 기독교 여류 작가가 쓴 『빙점』에 나오는 이야기다. 한때 남편의 월급만으로는 생활하기 어려워 집 앞에 조그마한 구멍가게 하나를 냈다. 그러나 돈만 벌겠다고 악착을 부리지 않고 오는 손님들에게 조용히 그리스도의 사랑을 전하며 봉사했다. 그 결과 이 구멍가게는 신용을 얻게 된다. 장사가 잘되어 나중에는 트럭으로 물건을 들여올 만큼 번창했다. 어느 날이었다. 직장에서 돌아온 남편이 바쁘게 일하는 아내를 보고 농담반 진담반으로 말했다. "여보, 우리 가게가 이렇게 잘되는 것은 좋지만 이웃이 다 어려운 사람들뿐인데 우리 가게로만 손님이 몰려서 다른 가게들이 문을 닫게 되면 어떡하지?" 아야코는 크게 깨달은 바가 있었다. 가게 물건을 줄였다. 어떤 물건은 아예 가져다 놓지도 않았다. 손님이 찾으면 "그 물건은 저 집에 가면 사실 수 있습니다" 하고 다른 가게로 손님을 나누어 주기 시작했다. 그래서 시간이 날 때마다 틈틈이 글을 쓰기 시작하여 소설 『빙점』을 완성시켰다. 이기주의로 가득 찬 머리에서는 창작

이 이루어질 수 없다. 마음 문을 활짝 열고 사랑하는 마음을 가졌을 때 영감이 가득하여 그처럼 아름다운 작품을 내놓을 수 있었던 것이다. 사랑은 우리의 삶을 풍성하게 하는 원동력이다.

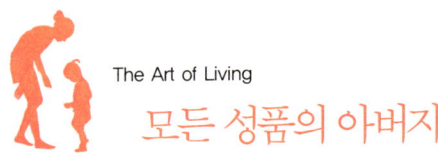

The Art of Living
모든 성품의 아버지

　세계에서 가장 오래 사는 사람들은 러시아 카프카스 산맥에 사는 그루지야인들과 에콰도르 안데스 산맥에 사는 빌카밤바 인디언, 카슈미르 훈자 계곡에 사는 사람들, 일본 오키나와 주민이라고 한다. 오래 사는 사람들의 공통적인 특징은 첫째, 정기적으로 운동을 한다. 둘째, 지나치게 가공된 음식을 피한다. 셋째, 균형 잡힌 식사를 한다. 과식을 하지 않는다. 넷째, 물을 많이 마신다. 다섯째, 신선한 과일과 야채를 충분히 섭취한다. 여섯째, 외로움을 피한다. 일곱째, 행복한 결혼 생활을 한다. 정기적으로 성관계를 즐긴다(일부일처제). 여덟째, 확대가족과 함께 살고 그들에게 의지한다. 아홉째, 알코올이나 담배 제품을 거의 사용하지 않는다. 열째, 연장자를 공경한다. 열한 번째, 노년에도 활동적이고 유익

한 생활을 영위한다. 마지막으로 부와 성공을 추구하기보다는 인간관계와 화합을 강조한다.

모든 사람은 자기만의 독특한 유전자를 가지고 있다. 유전자는 인간에게 중요한 역할을 한다. 삶에서 유전자보다 중요한 것이 있다. 생활 습관이고 생활 방식이다. 키케로는 "감사는 가장 위대한 품성일 뿐 아니라 다른 모든 품성의 어버이다"라고 했다. 감사하는 성품은 성숙한 영혼의 표지다. 칼 바르트는 그리스도인과 불신자의 근본 차이는 감사라고 했다. 원한은 돌에 새기고 은혜는 강물에 새기는 것이 인간이란 말이 있다. 하지만 지혜로운 인생, 행복한 인생은 원한은 강물에 새기고 은혜는 돌에 새긴다. 감사하는 인생이다. 인간의 근육은 사용할수록 발달하듯이 감사도 그렇다. 감사라는 근육은 자꾸 사용할수록 더 발달하게 되어 있다.

중세 한 수도사가 수도원에서 제자들을 가르치면서 자신의 일지에 "감옥과 수도원의 차이"를 기록해 놓았다. "감옥과 수도원은 환경상으로는 매우 유사할 수 있다. 그렇다면 무엇이 감옥을 지옥으로 만들고 수도원을 천국으로 만드는가? 감옥에서는 하루가 불평으로 시작되는 반면, 우리들 수도원의 하루는 감사로 시작된다." 수도사의 글은 거기서 끝나지 않았다. "그러나 만약 수도원에 살고 있는 우리들이 감사를 잃어버리면 이 수도원이 지옥일 수가 있다. 반대로 만약 감옥에서 감사를 발견할 수 있다면 감옥이 바로 천국이 될 수가 있다." 감사는 우리를 감옥에서도 천국을 살게 한다. 똑같은 환경에서 감사할 수도 있고 원망할 수도 있다. 그러나 엄청난 차이가 있다. 뉴욕의 퍼머 부인은 빈민촌 아이들을 모아 놓고 행복 클럽을 만들었다. 그리고 세 가지 규칙을 세웠다. 첫째, 날마다 아름다운 것을 하나 이상 본다. 둘째, 날마다 한 가지 이상 좋은 일을 한다. 셋째, 날마다 한 가지 이상 감사할 것을 찾는다. 결국 아이들은 놀랍게 행복하고 명랑해졌다고 한다. 감사는 고난 중에서도 배우게 한다. 감사는 우리의 성품을 아름답게 한다. 감사는 우리로 하여금 어두운 면보다는 밝은 면을 보게 한다. 인생은 무엇을 보느냐, 어떻게 보느냐에 따라 결정된다. 인간의 행복은 자기에게 일어난 사건을 어떻게 보느냐에 따라 달라진다. 감사하는 사람은 언제나 밝은 면을 본다. 긍정적인 사람이 된다. 적극적인 사람이 된다. 자족하는 사람이 된다. 모든 사람의 불행은 본질을 버리고 비본질적인 것을 붙들고 살 때부터 시작한다. 이런 기도가 있다. "오, 하나님! 저를 축복하심을 감사합니다. 그러나 저에게 어떤 축복보다도 감사할 수 있는 마음을 더욱 주시옵소서." 성숙하면 감사하지만 동시에 감사하면 성숙해진다.

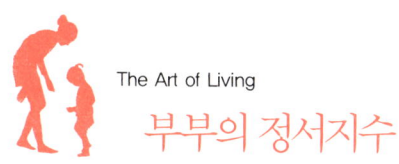

The Art of Living
부부의 정서지수

부부심리학 연구로 세계적 권위를 인정받고 있는 미국 워싱턴 대학의 심리학 교수인 존 고트만 박사는 이렇게 말했다. "성공적인 결혼 생활을 만드는 비결은 놀라울 정도로 간단하다. 행복한 결혼 생활을 하고 있는 부부는 특별히 머리가 좋은 것도 아니고, 유복한 것도 아니며, 심리학에 통달한 사람도 아니다. 행복한 부부는 일상생활에서 상대방의 마이너스적인 면보다는 플러스적인 면을 중시하려고 노력한다. 이것을 나는 정서적 지수(emotional intelligence)에 의한 결혼 생활이라고 부르고 있다."

플러스 감정은 경멸의 말을 해독시킨다는 말이 있다. 상대방에 대한 좋은 감정을 마음에 새겨 두면 나중에 지나친 말을 해도 기분이 상하지 않는다. 나의 마음속에 아내에 대한, 남편에 대한 플러스 감정이 더 많이 있으면 섭섭한 말을 들어도 마음이 상하지 않지만, 마이너스 감정이 더 많이 쌓이면 사소한 말을 가지고 싸우게 된다. 부부가 행복하게 사는 비결은 마음에 마이너스 감정을 줄이고 플러스 감정을 더 쌓는 것이다.

사랑, 용서, 자비, 너그러움 이런 것들은 정서지수에 속하는 것들이다. 남자들이 기억해야 할 것이 하나 있다. 남자들은 일반적으로 우뇌보다 좌뇌가 더 발달되어 있다. 무엇이든지 논리나 효율성으로 따지는 경향이 강하다. 하지만 아내가 바라는 남편은 논리나 효율성보다는 사랑을 우선순위에 두는 남자요 남편임을 기억해야 한다.

위대한 철학자로 알려진 소크라테스의 이야기이다. 그의 아내는 유명한 악처로 알려져 있다. 한번은 소크라테스 집에 손님들이 찾아왔는데도 아내가 화를 내며 소리를 지르자 몹시 당황한 소크라테스가 아내에게 "손님들이 왔으니까 조용히 하자"고 했다. 그러자 그의 아내가 더 소리를 지르면서 막 화를 내더니 옆에 있던 물동이 하나를 집어 들어 소크라테스의 머리에 뒤집어 씌워 버렸다. 그녀가 잠시 사라지자 이 광경을 보고 있던 손님들이 "아니 어떻게 이런 부인하고 함께 사십니까? 이혼을 생각해야 하지 않겠습니까?"라고 물었다. 이때 소크라테스가 이렇게 대답했다. "천둥이

치면 비가 오는 것은 당연하지 않겠소?" 그 다음 말이 걸작이다. "그리고 비가 오면 곧 날은 개이지 않겠소?" 가정도 경영이란 말이 있다. 소크라테스와 같은 마음의 여유를 가지고 살아간다면 우리는 지금보다 더 풍요로운 가정을 만들 수 있을 것이다.

바바라 월터스라는 미국의 유명한 언론인이 있다. 그녀는 재치가 넘치고 영리한 여자였지만 불행하게도 이혼을 했다. 이혼을 하고 혼자 지내면서 고독해지자 "재혼을 해야겠다"는 결심을 했다. 자신의 적성을 컴퓨터에 입력해 넣고 자기에게 맞는 배우자 후보를 모집한다는 광고를 냈다. 수많은 남자가 지원을 했다. 그녀는 그 많은 남자 중에 고민 끝에 최종적으로 한 남자를 선택했다. 누구였을까? 그녀와 이혼했던 전남편이었다. 이 이야기가 주는 메시지는 무엇일까? "내 남편이 나에게 최고이기 때문에 하나님이 나에게 주셨다"는 것이다.

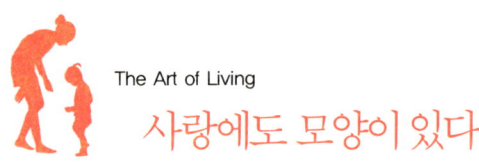

The Art of Living
사랑에도 모양이 있다

부부가 결혼해 살면서 가끔 이런 생각을 한다. 연애할 때는 사랑했는데, 신혼 때는 사랑의 감정이 충만했는데 벌써 변했다. 이런 생각에 사로잡히거나 이런 감정이 깊어지면서 부부의 갈등이 심화된다. 행복한 부부 생활을 위해서는 감성 주기를 이해해야 한다. 부부심리학자들에 따르면, 남녀가 서로 만나 사랑의 감정이 싹트기 시작해서 지속되는 기간은 약 30개월 정도이다. 사랑의 감정도 주기를 경험한다. 상대에 대한 처음의 열정이 평생 동안 한결같게 변함없이 지속되는 것은 아니다. 굴곡을 경험한다. 사랑의 감정이 싹 터서 높아지고 최절정에 이르고 나면 점점 완만해진다. 부부심리학자들은 감성 주기가 내려가면서 완만해지는 시기에 이혼율이 가장 높게 나타난다고 했다. 사랑의 감정이 싹트기 시작해서 30개월 정도가 지나면 허물이 더 많아 보이고 장점보다 약점이 더 커

보인다. 연애할 때와 결혼 초기에는 사랑스럽게 보이던 것이 점점 허물로 보이기 시작한다. 이런 현상은 사랑이 약해지거나 변했기 때문이 아니다. 감성적 사랑에서 관계적 사랑으로 변형을 경험하는 과정이다. 부부의 감성적 사랑은 약해지지만 정과 애착은 더 강해진다. 사랑에도 칼라가 있고 모양이 있다. 사랑의 감정이 약해진다고 해서 사랑 자체가 약해지거나 변한 것은 아니다. 성숙한 부부의 사랑은 관계의 질에 의해 비례한다.

타임지에 의하면 정신과 의사에게 치료를 받는 환자 가운데 90%가 관계의 문제 때문에 병원 문을 두드린다고 한다. 인간 삶에서 관계의 중요성을 알리는 자료다. 좋은 환경+나쁜 관계=불행, 그러나 나쁜 환경+좋은 관계=행복이다. 환경보다 더 중요한 것은 관계다. 환경이 좋아도 관계가 나쁘면 삶은 불행하기 마련이다. 부부의 문제도 동일하다. 좋은 환경에서 사는 부부라 할지라도 관계에 문제가 생기면 불행해진다. 하지만 환경이 조금 빈약해도 관계가 좋으면 행복한 부부가 된다. 부부 생활도 관계다.

행복한 부부 생활을 위해 아내는 남편을 하늘처럼 받들어서는 안 된다. 남편은 하늘처럼 섬겨야 할 존재가 아니라 하늘 이상으로 섬겨야 한다. 남편은 하늘처럼 섬겨야 할 대상이 아니라 주님처럼 섬겨야 한다. 행복한 가정은 가장의 권위를 세워 주는 가정이다. 아내가 남편을 머리로 세워 주고 자신은 그 머리를 지탱해 주면 그 가정은 행복한 가정, 건강한 가정이 된다. 하지만 남편이 가정의 머리가 된다는 말을 잘못 이해하면 안 된다. 남자들은 어떤 문제가 생기면 논리적 사고를 하는 경향이 많다. 무엇이 옳고 그르냐를 먼저 따지려고 한다. 남자는 보편적으로 좌뇌가 더 발달되어 있기 때문이다. 여성들은 옳고 그름보다는 관계 지향적이고 사랑 지향적이다. 여성은 보편적으로 우뇌가 더 발달되어 있기 때문이다. 영국 데일리 메일에 의하면 여성이 가장 매력적으로 보이는 나이는 31세라고 보고했다. 매력적으로 보이는 첫 번째 요인으로 꼽은 것이 흥미롭다. 자신감이다. 남편들이 자신의 아내가 아름다운, 아내 매력적인 아내가 되기를 원한다면 자신감을 심어 주는 방법을 찾아야 한다. 아내들이 원하는 남편의 모습은 논리나 효율성보다는 관계와 사랑이다.

The Art of Living
빈 상자가 아닙니다

　서부 아프리카의 어느 부족 사회에서 내려오는 전설이다. 젖소를 가지고 있는 한 젊은이가 있었다. 이상하게도 어느 날부터 갑자기 젖소가 우유를 제대로 생산하지 못하는 것이었다. 그 젊은이는 까닭을 알기 위해 밤새도록 젖소를 관찰하기로 마음먹었다. 그런데 몰래 숨어서 밤새도록 젖소를 바라보던 젊은이는 놀라운 광경을 목격하게 된다. 한밤중에 달빛을 휘어감은 듯한 아름다운 선녀가 하늘에서 양동이를 이고서 내려오는 것이었다. 그녀는 젖소들에게 다가가더니 우유를 짜내어 양동이에 가득 채우고는 다시 하늘로 가지고 올라가 버렸다. 그 이튿날 젊은이는 한 가지 꾀를 냈다. 젖소 우리 바닥에 큰 그물을 깔고 기다렸다. 아니나 다를까 한밤중에 선녀는 다시 내려왔다. 선녀가 우리에 다가서자 그는 기다렸다는 듯이 그물을 잡아당겼다. 선녀는 그물에 잡히고 말았다. 젊은이는 선녀에게 다가가서 물었다. "당신은 누구며 무엇 하러 오셨습니까?" 그녀는 "저는 하늘나라에서 내려온 선녀입니다. 우리 마을에 우유가 부족해서 우유를 가지러 왔습니다. 한 번만 살려 주시면 무엇이든지 시키는 대로 하겠습니다"라고 했다. 젊은이는 "그러면 저와 결혼해 주십시오"라고 요청했다. 그때 선녀는 "3일만 기다려 주십시오. 그러면 제가 고향 마을에서 준비를 해 가지고 와서 결혼을 하겠습니다"라고 대답했다. 젊은이는 선녀를 보내 주었고 선녀는 약속대로 어김없이 사흘 만에 돌아왔다. 그런데 선녀는 하늘나라에서 돌아올 때 큰 상자 하나를 가져왔다. 그리고 젊은이에게 이렇게 말하였다. "당신이 이 상자를 열어 보지 않겠다고 약속을 하면 결혼을 하겠습니다." 젊은이는 약속을 한 후에 선녀와 결혼하고 수 주간을 행복하게 살았다.

　어느 날 아내가 장 보러 간 사이에 젊은이는 그 상자 안에 무엇이 들어있을까 하는 호기심이 생겼다. 호기심이 생기자 견딜 수가 없었다. 참을 수가 없어서 살짝 상자를 열어봤는데 실망스럽게도 큰 상자에는 아무것도 들어 있지 않았다. "이상하다. 왜 빈 상자를 가지고 열어 보지 말라고 했을까?" 의아해 하고 있는데 아내가 장에서 돌아왔다. 아내는 집에 들어서서 남편의 표정을 보자마자 직감적으로 눈치를 채고 왜 약속을 어기고 열어 봤느냐고 물었다.

남편은 큰 소리로 "아니, 뭐 텅 빈 상자를 갖고서 그러느냐"고 대답했다. 선녀는 아주 슬픈 얼굴을 하고 이렇게 말했다. "이제 당신 곁을 떠나야 하겠습니다. 약속을 어겼기 때문은 아닙니다. 저는 언젠가 당신이 반드시 열어 보리라고 생각을 했습니다. 이 상자는 빈 상자가 아닙니다. 제가 가장 소중히 여기는 고향 마을의 공기와 향기가 가득 차 있는 것이었습니다. 제게 있어서 더 없이 소중한 것이었습니다. 저에게 그토록 소중한 것을 당신은 아무것도 아니라고 했습니다. 제가 소중히 여기는 것을 같이 소중히 여길 수 없고 느낄 수 없는 당신과 어찌 머물러 같이 살 수가 있을까요?" 그러고는 젊은이의 곁을 떠나 다시 하늘나라로 올라가 버렸다. 사랑은 약속을 지키는 것이다. 사랑은 또한 호기심을 넘어 상대방이 소중히 여기는 것을 소중히 여기며 존중하는 것이다.

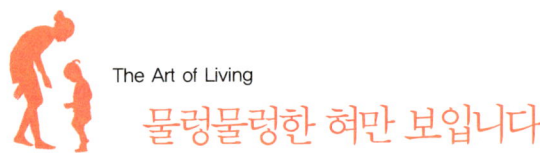

The Art of Living
물렁물렁한 혀만 보입니다

오스왈드 샌더스는 "참된 위대함은 그가 처한 환경에 있는 것이 아니라 그의 성품에 있다고"고 했다. 한 인간의 위대함은 그의 성품에 의해 결정된다는 것이다. 성경에도 "온유한 자는 복이 있나니 저희가 땅을 기업으로 받을 것"이라고 하였다. 복 있는 사람은 온유한 사람이다. 동양의 현자 중 한 사람인 노자가 평생 고민하며 설파했던 것이 바로 부드러움이었다. 노자가 평생 연구했던 것은 마음의 문제였다. 강한 것과 부드러운 것이 부딪치면 어떻게 될까? 우생학적 역사이론이 있다. 이것은 양육강식 원리로 힘 있는 자가 모든 것을 지배한다는 역사이론이다. 히틀러가 그러했다. 그러나 그는 망했다. 강한 것은 온유한 것을 이기지 못한다. 온유는 한자로 '따뜻하고 부드럽다'는 뜻이다. 온유한 성품은 따듯한 성품이다. 사람마다 온도가 있다. 어떤 사람은 차갑고 어떤 사람은 따뜻하다. 살아있는 것은 따듯하다. 죽어가는 것은 차갑다. 하나님의 생명의 있는 사람은 온유하다.

 우리는 마음을 연구하는 학생이 되어야 한다. 언제 우리 마음이 차가워지는지 연구해야 한다. 교만해지면 차가워진다. 우월감을 가지거나 다른 사람을 무시하는 마음을 가지면 차가워진다. 그러나 겸손하면 우리 마음이 따듯해진다. 상대방을 이해하려고 노력하며 긍휼히 여기는 마음을 가지면 마음이 따뜻해진다. 성경에 등장하는 온유한 자의 제 1호는 바로 모세다. 모세는 의인도 아니요 선한 사람도 아니다. 그는 허물도 많은 사람이요 실수도 많았다. 하지만 하나님께서 모세를 쓰신 이유를 이렇게 말씀한다. "이 사람 모세는 온유함이 지면에 모든 사람보다 승하더라."

 노자의 이야기다. 노자가 죽을 때 제자들을 앞에 앉혀 놓고 입을 딱 벌리고는 "내 입에 무엇이 보이냐"고 물었다. "예, 아무것도 안보이고 물렁물렁한 혀만 보입니다." 그 때 노자는 이렇게 말했다고 한다. "그렇지. 내 치아는 다 빠졌어. 젊은 날부터 내 치아는 아주 좋았는데 이 치아가 사나워가지고 혀를 물어 뜯고, 아주 교만하게 굴더니 다 빠져버렸어. 물어 뜯기우고 상처를 입으면서도 참고 살아온 혀만 남아 있지." 그러면서 단단한 것은 죽음이요, 온유한 것만이 생명이라고 했다고 한다. 나무도 껍질이 두꺼워지고 굳어지면 고목이 된다. 나무도 부드럽고 연한 가지에 잎이 나고, 꽃이 피고 열매를 맺는다. 그러나 딱딱하게 굳어진 것은 고목이요 구멍이 뚫어져 여우가 기습한다.

    전 유럽을 정복했던 나폴레옹이 마지막에 쎈트헤레나 작은 섬에서 마지막으로 남긴 유명한 말이 있다. "나는 칼로서 온 유럽을 정복하였지만 결국은 실패하였노라 그러나 예수 그리스도는 십자가에 사랑으로서 온 인류를 정복하였다." 사랑은 강해지는데 목표가 있는 것이 아니라 부드러워지는데 있다. 성경은 "새 영을 너희 속에 두고 새 마음을 너희에게 주되 너희 육신에서 굳은 마음을 제하고 부드러운 마음을 줄 것이라"고 했다. 한 젊은이가 연세가 82세였지만 젊은 사람처럼 건강하게 장수하시는 어른에게 장수 비결을 물었다. 그 때 간단하게 "화내지 말라" 그리고 "온유하라"고 했다.

The Art of Living
일상의 신성함

두 종교 전통에서 내려오는 이야기 이야기다. 불교 전통에서 내려오는 위대한 선승인 마조 선사의 청년시절 일화다. 청년시절 마조는 몇 시간이고 고집스럽게 가부좌를 틀고 앉아 참선을 하곤 했다. 그런데 하루는 마조의 스승인 회양 선사가 그에게 그리 힘들게 참선을 하는 이유가 대체 무엇이냐고 물었다. 마조가 대답하기를 "부처의 경지에 이르고자 그렇습니다"라고 하였다. 그 말을 들은 회양선사는 바로 벽돌을 들고 와서 열심히 광을 내기 시작했다. 당황한 마조가 그의 스승 회양선사에게 왜 그러시느냐고 물었다. 그때 회양선사가 대답하기를 "이 벽돌로 거울을 만들려는 것"이라고 말했다. 그러자 마조가 말하기를 스승님 "아무리 광을 낸들 벽돌이 어찌 거울이 되겠습니까?" 회양선사는 그때 빙그레 웃으면서 말하기를 "아하! 이제야 네가 아무리 참선을 해도 결코 부처가 되지 못하리라는 사실을 알겠느냐"라고 말했다는 이야기다. 의미 깊은 이야기다.

기독교 전통에서 전해 내려오는 두 형제의 이야기다. 그들은 함께 농사도 짓고 방아도 찧었다. 매일 밤이면 낮에 거두어 빻은 곡식을 똑같이 나누어 각자의 창고에 들였다. 형제중 하나는 총각이고, 다른 형제는 처자식이 있었는데 대가족이었다. 어느 날 식솔이 없는 총각 형제가 생각했다. "우리가 똑같이 나누는 게 불공평하구나. 나야 내 입만 먹이면 되지만, 형은 먹일 자식들이 있으니 말이야." 그는 매일 밤 그의 곡식 중 얼마를 몰래 형의 창고에 갖다 놓았다. 결혼한 형도 어느 날 이런 생각을 했다. "우리가 곡식을 똑같이 나누는 게 불공평하구나. 나는 나이가 들면 자식들이 봉양해 주겠지만 아우는 그럴 아이들이 없으니 나이가 들면 어찌한단 말인가." 그래서 매일 밤 형도 자신의 곡식을 동생의 창고로 몰래 옮겨놓았다. 그 둘은 매일 아침, 전날 밤보다 전혀 줄어들지 않은 자신들의 창고 곡식을 보며 이상하게 생각했다. 그러던 어느 날 밤, 두 형제는 중간에서 마주치게 된다. 그들은 서로를 깊은 사랑으로 끌어 안고 울었다. 신은 그런 그들을 보시고 선포하셨다. "이곳은 사랑이 넘치는 거룩한 장소이니 내가 나의 전을 여기에 짓겠다." 신은 그곳에 성전을 지으셨다. 일상의 삶 속에서 신앙을 실현해 가는 사람들이 있는 곳에 시온을 허락하신 것이다. 우리는 종종 우리가 가진 신앙을 가지고 삶을 더 깊이 인식하고 넓게 보기보다는 삶을 협소하게 만드는 경우가 있다. 일상의 신성함을 망각하기 때문이기도 하다. 그러므로 일상의 삶 속에서 하나님의 은혜와 사랑을 인식하고 경험하는 것이 대단히 중요하다.

The Art of Living
제자들의 질문

어느 날 예수님과 제자들이 길을 가던 중에 나면서부터 소경된 사람을 만나게 되었다. 그 때 제자들이 예수님에게 이렇게 질문을 했다. "랍비여! 이 사람이 소경으로 난 것이 자기 때문 입니까? 그 부모 때문입니까?" 일반적으로 사람들이 누군가에게 질문을 할 때 그 질문은 그냥 나오는 것이 아니다. 보편적으로 질문하는 사람은 그가 가지고 있는 상식과 지식과 사회적 통념을 가지고 질문을 한다. 제자들의 질문 속에는 어떤 전제가 깔려 있었다. "저 사람이 누구의 죄 때문에 저렇게 앞을 보지 못합니까?"라는 제자들의 질문 속에는 당시 유대 사람들의 생각과 통념이 자리 잡고 있었다. 당시에 유대 사람들은 인간이 당하는 모든 고난과 가난은 '죄' 때문이라는 생각을 가지고 있었다. 가난하게 사는 것도, 병든 것도,

장애가 있는 것도 죄 때문에 그렇게 되었다는 생각이 사람들의 생각 속에 아주 깊숙이 자리 잡고 있었다. 때문에 이스라엘 백성들은 나환자를 볼 때 죄인 취급하고 정죄했다. "얼마나 큰 죄를 지었으면 문둥병에 걸리겠느냐?" 그러면서 핍박을 하기도 했다. 가난한 사람들을 무시했다. "얼마나 큰 죄를 지었으면 사람이 저렇게 가난하게 될 수 있느냐?" 그러면서 무시했다. 통탄할 만한 생각과 사상이 그 당시 이스라엘 사회를 지배하고 있었다. 가난한 사람은 죄인이고 부자는 의인이라는 생각이다.

당시 이런 생각의 공식을 만들어 낸 사람들은 사두개인들과 바리새인들이었다. 사두개인들은 종교적으로 정치적으로 중앙에 포진하여 산헤드린 의원직의 대부분을 차지했고 헤롯 궁정이나 로마 총독과 연합하여 정치적 영향력을 행사했던 사람들이었다. 바리새인들은 율법학자나 일반인들이 자발적으로 모인 집단으로 중앙정치에서는 사두개파에 밀려서 힘이 없었지만 일반 백성들 사이에서는 상당한 영향력을 형성하고 있었다. 그들은 부와 명예를 의인됨의 근거로 삼았다. 이런 시대적인 상황 속에서 제자들의 질문에 예수님은 이렇게 대답했다. "이 사람이나 그 부모가 죄를 범한 것이 아니라 그에게서 하나님의 하시는 일을 나타내고자 하심이니라." 이는 분명 그 당시 사회의 잘못된 생각과 편견과 가치관을 뒤

엎는 답변이다. 또한 예수님의 마음을 엿 볼 수 있는 답변이다. 장애를 가진 사람을 정죄하는 마음이 아니라 불쌍히 여기는 마음을 넘어 미안한 마음을 가지고 계셨음을 엿 볼 수 있는 답변이다. 성경은 형통한 악인이 있고 고난 받는 의인이 있다고 선포한다.

위대한 철학자였던 아리스토텔레스는 무거운 물체가 가벼운 것보다 먼저 떨어진다고 가르쳤다. 역사상 가장 위대한 철학자가 말한 것이었기 때문에 사람들은 모두 그 말을 신뢰했다. 그가 죽은 지 거의 천년이 지난 후 갈릴레오가 뛰어난 학자들을 피사의 사탑으로 불러 모았다. 그는 꼭대기에 올라가서 십 킬로그램과 일 킬로그램짜리 물체 두 개를 동시에 떨어뜨렸다. 놀랍게도 두 물체는 동시에 땅에 떨어졌다. 하지만 기존의 학설에 대한 믿음이 너무 강한 나머지 학자들은 방금 봤음에도 불구하고 믿으려 하지 않았다. 이미 배운 것을 옳다고 믿고 있었기 때문에 자신들이 틀렸다고 인정하지 않으려고 한 것이다. 주님을 따라 산다는 것은 나에게 깊이 자리 잡고 있는 편견을 버리는 것이라고 생각하면 잘못된 것일까? 예수님은 잘못된 생각과 편견과 싸우시다가 많은 조롱과 비난을 받으셨기 때문이다.

chapter 3

사회성지수 높이기

The Art of Living
사회성지수

『감성지수』(Emotional Intelligence)을 출간하여 많은 사람에게 도전과 영향을 주었던 세계적인 심리학자 대니얼 골먼은 인간 지능의 새로운 패러다임으로서 IQ, EQ를 넘어선 SQ(social intelligence, 사회성지수 또는 사회지능)의 중요성을 제시했다. SQ는 다른 사람의 감정과 의도를 읽고 잘 어울리는 능력으로 사람과 사람과의 관계 맺는 능력이다. EQ와 SQ는 서로 보완적이면서 다른 특성을 가진다. EQ는 나(I)와 나(me)의 관계로 자기 자신(self)과의 소통(intrapersonal communication)에 관계된 능력이지만, SQ는 사람(person)과 사람(person)의 관계로 나와 다른 사람과의 소통(interpersonal communication)과 관련된 능력을 의미한다. 사실 1920년 심리학자 에드워드 손다이크가 먼저 공식화한 개념이긴 하지만 골먼은 단순한 산술적

수치가 아닌, 인간에 대해 깊은 통찰을 보여 주는 신경과학과 심리학의 최신 연구 사례들을 통해 SQ를 설명했다. 사람은 근본적으로 사회적 존재다. 관계는 인간의 삶의 모든 영역에 깊이 영향을 미친다. 인간은 의식하는 것 이상으로 서로 깊이 관계되어 있어서 서로 영향을 주고받으며 살아간다. 부모, 배우자, 직장 동료 등 수많은 관계의 그물망 속에서 살아간다. 관계는 인간의 뇌에도 영향을 미치고 몸에도 중요한 영향을 미친다. 인간의 병과 건강도 관계의 산물이다. 심지어 골만은 우리의 유전자에까지 영향을 미친다고 했다. SQ는 생물학적 면역 체계를 잘 작동하게 할 뿐만 아니라 인간의 삶에 유전자보다도 더 중요한 역할을 한다. 좋은 관계는 인간 삶에 비타민과 같은 역할을 한다. 나쁜 관계는 독과 같은 역할을 한다. 골만은 SQ는 공감 능력, 협동심, 이타주의와 비례한다고 강조했다.

심리학자들에 따르면, 가장 성숙한 사람의 특성으로 관계성, 즉 상호 공존할 줄 아는 능력을 든다. 다른 사람과 조화롭게 살 수 있는 것을 하나의 능력으로 본다. 이 능력은 관용의 능력과 비례한다. 사람들과의 관계 속에서 관용할 줄 아는 사람은 가장 성숙한 사람이다. 관용은 먼저 자기 자신에 대한 관용을 포함한다. SQ는 진정으로 자신에게 관용을 베풀 줄 아는 능력으로부터 시작한다. 관용은 다른 사람과 조화롭게 살 줄 아는 능력이다. 필요할 때는 다른 사람에게 의지하거나 도움을 요청할 줄도 알며, 반대로 다른 사람에게 도움을 줄 수도 있는 능력이다. 관용은 다른 사람들의 의견이나 문화나 가치를 존중할 줄 아는 마음이다. 나와 다름에도 불구하고 그것을 함께 붙들고 관계를 성숙시켜 나가는 능력이다. 성숙해 간다는 것은 보다 더 관용적인 사람이 되는 것, 보다 더 관용적인 사회가 되는 것, 그리고 보다 더 관용적인 세계가 되는 것을 추구한다. 성숙한 사회일수록 가난하고 연약한 사람들에게 보다 더 관용적인 사회가 된다. 다른 사람들을 부요하게 만들지 않는 사람은 진정한 부자가 될 수 없다. 우리가 하나님이나 이웃이나 사물을 그것(it)으로 바꿔 놓는 순간, 우리는 우리가 추구하고 있다고 생각하는 바로 그것을 왜곡시키고 변질시키고 있는 것이다.

유진 피터슨은 영혼의 사회성에 대해서 깊이 있게 묵상했다. 그는 영혼은 인간이 어떤 존재인지를 말할 때 가장 인격적인 말이라고 했다. 히브리어에서 영혼은 은유로서 목을 뜻하는 단어 '네페쉬'다. 목은 인체에서 지성과 신경계의 부분인 머리와 다른 모든 곳을 연결시켜 주는 부분이다. 목은 몸의 상위 기능과 하위 기능을 하나로 모아 준다. 관계의 통로다. 영혼은 관계가 메아리치고 있는 용어다. 하나님과 관계, 인간과의 관계, 자연과의 관계들에 대해 메아리치는 용어다. 영혼은 인간의 생명이 생물학과 생식기로, 문화와 유용성으로, 종족과 민족성으로 축소되는 것을 막아 주는 장벽이다. 영혼은 인간의 핵심 정체성은 관계 맺는 존재라는 것을 알게 하기 때문이다. 영혼은 관계의 본질에 대한 계시를 낳는다. 내가 다른 사람을 알게 되는 것, 다른 사람이 나를 알게 되는 것은 정의나 설명, 개념적 분류나 심리학적 분석을 통해서가 아니라 오직 관계 맺음을 통해서다. 이는 사는 일이지 삶에 대해 사고하는 일이 아니기 때문이다.

기독교인들이 비기독교인들에 비해 약 5.7년 더 산다는 통계가 있다. 하지만 오히려 빨리 죽을 수도 있다. 사람들을 만날 기회가 많다 보니 서로 미워하고 싸울 기회도 많기 때문이다. 스트레스 받을 확률도 더 많다. 이는 인간은 관계성 속에서 살아가는 존재임을 말하기도 하지만, 아름다운 관계의 중요성을 일깨우는 증거이기도 하다. 인간은 관계 속에서 불행을 창출하기도 하고 행복을 일구어 내기도 한다. 관계적 존재로 지음 받은 인간은 책임성과 성실성을 요구받지만 그것은 또한 축복의 길이요, 영육이 건강해지는 비결이기도 하다. 의학자들의 보고에 따르면, 아이 5명 이상 기르는 주부 중에 정신병 환자는 거의 없다고 한다. 왜냐하면 아이들 양육하느라 정신없이 바빠서 정신병에 걸릴 시간이 없다는 것이다. 성실하고 아름다운 관계만큼 인간의 정신과 영성을 건강하게 하는 것은 없다.

The Art of Living
조덕삼과 이자익

성 프란시스가 수도원에 있을 때의 일이다. 수도사가 되겠다는 두 사람이 수도원을 찾아 왔다. 그때 프란시스는 마침 배추 모종을 심고 있었다. 그는 두 사람에게 배추를 거꾸로 심으라는 명령을 내렸다. 뿌리를 하늘로, 줄기를 땅으로 하여 심으라고 명령을 내렸다. 한 사람은 프란시스의 말대로 순종했으나 다른 한 사람은 말도 안 된다고 생각하고 뿌리가 땅으로 가도록 심었다. 거꾸로 심은 사람은 수도사로 입문시키고, 바로 심은 사람은 집으로 돌려보냈다. 프란시스가 뽑고자 하는 사람은 농사꾼이 아니었기 때문이다. 농사꾼을 뽑기 위해서는 제대로 심은 사람을 뽑았을 것이다. 그러나 수도사를 뽑기 위한 시험이었기 때문에 합리적이냐 불합리적이냐 하는 것보다 순종의 미덕이 더 요구되었다. 얼마나 농작법을 제대로 아느냐를 물어본 것이 아니다. 수도사의 미덕이 있는지를 확인하려는 시험이었다. 순종의 미덕을 확인하고 싶었던 것이다. 순종은 삶의 선하고 아름다운 미덕이다. 순종은 관계를 성숙시킨다. 순종은 아름다운 열매를 맺게 한다.

1905년경에 멀리 경남 남해에서 이자익이란 청년이 천리 길을 걸어서 전북 김제로 왔다. 너무 가난해서 하루 세끼 밥만 먹을 수 있으면 평생 머슴 노릇을 하겠다고, 당시 지방 큰 부자였던 조덕삼의 집을 찾아왔다. 조덕삼이 이자익을 보니 체구가 왜소해서 머슴을 시키기에 적합하지 않았지만, 천리 길을 걸어 찾아온 사람을 돌려보낼 수 없어서 말이나 돌보라고 마부로 받아들였다. 당시에 미국 남장로교 파송 선교사 최의덕(테이트) 선교사가 하층민이었던 마부들을 모아 복음을 전하고 있었다. 거기에 마부 이자익도 참여하게 되었다. 마부들이 모여서 선교사로부터 하나님의 말씀을 듣는데, 주인 조덕삼이 피부는 하얗고 눈은 퍼런 코쟁이 선교사에게 호기심을 갖고 찾아가 말씀을 들었다. 그러다 감동 감화를 받고 자신도 세례를 받겠다고 나섰다. 그 첫 세례식에 큰 부잣집 주인 조덕삼과 그 집 머슴 마부 이자익이 같이 세례를 받게 되었다. 그 후로 세례 교인이 30명이 되자, 교회를 조직하기 위해서 장로 1명을 선출하게 되었다. 그 선거에서 주인 조덕삼은 떨어지고 머슴 이자익이 선출되었다. 아마 교인들이 주로 마부들이나 하층민들이어서 그렇게 되었을 것이다. 입장이 난처해 지기는 머슴 이자익, 주인 조덕삼, 최의덕 선교사, 교회 교인들 모두 마찬가지였다. 양반 상놈을 구별 짓는 신분제도가 뿌리 깊은 관습이 서슬 퍼렇게 살아 있던 조선 말기에 장로 선거에서 주인이 종한테 밀려서 떨어진 것이다.

장로 선거에서 자기 집 머슴이 장로로 선출되고 머슴의 주인인 자신은 떨어지자, 주인 조덕삼이 조용히 교인들 앞으로 나와서 의연하게 말했다. "이 결정은 하나님이 내리신 결정입니다. 나는 교회의 결정에 순종하고, 이자익 장로를 받아들여 열심히 교회를 섬기겠습니다. 우리 교회의 젊은 분을 하나님이 장로로 세우셨으니 나는 너무 기쁩니다. 오늘부터는 내가 이분에게 경어를 쓰겠습니다. 우리 집의 마부이지만, 나는 장로님으로 모시겠습니다."

이것이 순종이다. 이게 기적이다. 지방의 대부호였고 주인이었던 조덕삼이 예수 믿고 자기 집 머슴과 같은 자리로 내려갔다. 자신이 예수 앞에서 종이 되니까 이런 순종의 역사가 일어난 것이다.

목회자가 부족하던 시절이라 이자익 장로가 새벽기도를 인도하는데, 김제를 지나가면 이분의 땅을 밟지 않고는 지나갈 수 없다는 당대 거부, 지방 부호로 널리 알려진 주인 조덕삼이 그 새벽

기도회에 나와서 자기 집 머슴이 전하는 하나님 말씀을 "아멘, 아멘" 하며 은혜로 받았다. "장로님, 장로님" 그러면서 자기 집 머슴을 섬겼다. 그러다가 본인도 교회의 장로가 되었다. 그러고는 모든 비용을 자신이 다 대고 머슴 이자익을 평양신학교에 유학을 보내면서 "신학 공부 마치면 첫 목회지로 우리 교회로 오십시오"라고 말했다. 그는 공부 마치고 돌아오는 이자익 목사를 위해 1908년에 사재를 들여 예쁜 한옥 집으로 예배당을 지었다. 이 예배당은 구조가 기역(ㄱ) 자형으로 되어 있다. 조선 말기 남녀칠세부동석이라는 유교 풍습이 교회 건물에 반영되어 있는 것이다. 당시 이와 같은 예배당이 많았지만 다 없어지고 지금은 전북 김제에 있는 금산교회만이 유일하게 그 모습을 보존하고 있다. 그것은 조선 말기 대한민국 여명기의 건축사적 의미를 지니고 있어서 전북 지방문화재 136호로 지정이 되어 있다.

그 후로 이자익 목사님은 3번이나 장로교 총회장을 지내셨는데, 매번 만장일치로 가결되었다. 장로교 역사상 유일한 분이다. 이 훌륭한 목사님 뒤에는 순종의 사람 조덕삼 장로님이 계셨다. 조덕삼 장로님은 사재를 털어 유광학교를 설립해서 지역 청소년 교육에 힘을 쏟았다. 그는 조덕삼 옹으로 사회에서 칭송을 받았다. 김제 금산교회에서 조덕삼 장로님에 이어 아들 조영호 장로가 교회를 섬겼고, 그 손자인 조세형 전의원도 장로가 되었다. 현재까지도 조덕삼 장로님과 이자익 목사님의 후손들이 이 귀한 정신을 실천하고 있다. 매년 두 분의 자손들이 모여 귀한 일을 계속하고 있다고 한다.

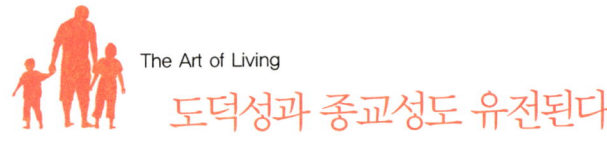

The Art of Living
도덕성과 종교성도 유전된다

    오래 전에 『리더스 다이제스트』에 흥미 있는 기사가 실렸다. 미국인들이 얼마나 정직한가를 알아보기 위해 리더스 다이제스트가 직접 실행한 실험에 관한 기사다. 120개의 지갑을 준비한 다음 그 속에 10달러짜리 지폐 세 장과 20달러짜리 한 장, 총 50달러의 현금을 넣었다. 지갑 주인의 이름과 주소, 전화번호와 가족 사진, 메모, 상품 우대권도 함께 넣었다. 미국 전역에 걸쳐 대도시 세 곳, 대도시 교외 지역 세 곳, 중도시 세 곳, 소도시 세 곳, 모두 열두 도시에 각각 10개씩 120개의 지갑을 뿌렸다. 그런 다음 그 지갑을 누가 들고 가는지 숨어서 지켜보았다. 지갑을 주운 사람들 가운데 몇 사람이나 되돌려 주는지 확인하려는 의도였다. 지갑은 주로 주차장, 쇼핑센터, 식당, 주유소, 사무실, 인도 등에 뿌려졌다. 결과는 대도시에서는 30개 중 21개 회수, 시애틀에서는 10개 중 9개 회수, 대도시 교외 지역에서는 30개 중 18개 회수, 중도시에서는 30개 중 17개 회수, 소도시에서는 30개 중 24개가 회수되었다.

리더스 다이제스트는 이 실험을 통해 흥미 있는 자료를 제공해 주었다. 첫째, 미국 전역에 뿌린 120개의 지갑 중 무려 67퍼센트에 해당하는 80개의 지갑이 온전하게 되돌아왔다. 보는 관점에 따라 33퍼센트나 되는 사람들이 부정직했다고 생각할 수 있지만, 그보다 많은 67퍼센트나 되는 사람들이 정직하게 행동했다. 둘째, 남자에 비해 여자들이 더 정직하게 행동했다. 셋째, 청소년들이 지갑을 주우면 십중팔구는 되돌려 주지 않을 것으로 생각했는데 놀랍게도 지갑을 주운 청소년들 가운데 67퍼센트가 정직하게 행동했다. 넷째, 지갑을 돌려준 사람들의 압도적 다수는 정직하게 행동하고자 하는 마음과 자세를 부모에게서 물려받았다고 밝혔다. 도덕적인 나침반은 부모에 의해 그 방향이 결정된다는 증거다. 지갑을 돌려준 돌이라는 38세의 젊은이는 어릴 때 가게에서 캔디를 훔쳤다가 어머니에게 이끌려 가게로 되돌아가 캔디를 주인에게 돌려주고 사과한 것은 물론이요 돈까지 물어 준 다음부터 정직한 길을 걷게 되었다고 대답했다. 마지막으로, 지갑을 되돌려 준 거의 모든 사람들이 그리스도인들이었다. 미국 사회를 건강하게 지탱시켜 주는 중요한 정신적 원동력은 기독교적 정신임을 알게 된다. 이 실험을 통해서 인간의 도덕성과 종교성도 유전된다는 것을 깨닫게 된다. 부모의 현재는 자녀들의 미래의 도덕성과 종교성의 거울인 것이다.

The Art of Living
십리인생

　로마가 이스라엘을 지배하고 있을 때 이스라엘에 거주하던 로마인들에게 특권이 있었다. 당시 이스라엘 젊은이들은 길을 가다가도, 농장에서 일을 하다가도 로마인들이 짐을 들고 가자고 하면 오리를 가야만 했다. 불합리한 구조 안에서 살아야 했던 유대인들은 로마인들에 대한 분노와 원한으로 가득했다. 분노와 원한이 가득한 마음으로 오리를 걸어가야 했기 때문에 오리가 되면 짐을 내던지듯이 내려놓고 조금도 더 가려고 하지 않았다. 바로 이런 사람들에게 예수님은 "누가 오리를 가자 하면 기꺼이 십리를 가주어라"고 하신 것이다. 오리를 가도 속에서 끓어오르는 분노와 증오심을 참기 힘든데 십리를 동행하라고 하신 것이다. 오리인생도 버거운데 십리인생이 되라고 부탁하신 것이다. 원한 맺힌 오리가 아닌 사랑의 십리로 수준을 높이라고 하셨다. 분노하고 미워하고 저주하는 오리인생이 아니라 이해하고 용서하고 사랑하는 십리인생이 되라고 하셨다. 왜 그러셨을까? 섭섭하기도 했을 것이다. 삶을 살아가면서 오리가 의무 수준이라면 십리는 인내와 사랑의 수준이다. 분노보다 큰 사람이 되기를 바라셨기 때문이다. 인생살이가 힘들어도 감동을 주는 삶을 살기를 바라셨기 때문이다.

미국 닉슨 대통령 시절 대통령 보좌관을 지낸 찰스 콜슨은 원래 아주 잔인한 사람이었다. 그는 '워터게이트 사건'에 연루되어 감옥 신세를 지게 된다. 그의 형기가 7개월가량 남았을 때의 일이다. 어느 날 당시 상원의원이었던 퀴에의의 마음에 이상한 감동이 일었다. 콜슨을 대신해 남은 7개월 동안 감옥 생활을 해야겠다는 감동이었다. 퀴에의는 콜슨을 대신해 자신이 감옥 생활을 하겠다고 법원에 제안했지만 기각된다. 퀴에의의 이러한 사랑이 콜슨에게 전해지면서 콜슨은 변하기 시작했다. 자신도 누군가에게 사랑을 베풀어야겠다고 생각했다. 감옥 안에서 사랑을 베풀 대상은 죄수들밖에 없었다. 콜슨은 감옥 동료들을 위해 할 수 있는 일을 찾기 시작했다. 죄수들이 제일 싫어하는 일이 빨래였다. 콜슨은 빨래를 하겠다고 자청했다. 사람들은 그의 태도를 받아들이지 않았다. 뭔가 속셈이 있다고 생각했기 때문이다. 하지만 그가 묵묵히 빨래를 하는 모습을 보고 동료들도 감동을 받기 시작했다. 그때 일을 회고하며 콜슨은 그의 자서전에서 "평생 집 안에서 손가락 하나 까딱하지 않던 나는 그들을 사랑하기 시작하면서 인생의 진정한 행복을 발견했다"고 고백했다.

The Art of Living
믿음의 이력서

 카나다에 유명한 신학교가 하나 있다. 리젠트 칼리지이다. 이 학교는 영성신학으로 유명한 학교이다. 한국 학생들이 어느 날 이 학교를 설립한 제임스 휴스턴을 찾아가 특별히 우리에게 당부하고 싶은 말이 있으시냐고 물었다고 한다. 그때 휴스턴은 한국 학생들에게 이런 말을 해 주었다고 한다. "아내의 얼굴은 너희 믿음의 이력서다." 참으로 의미심장한 말이 아닐 수 없다. 아내의 얼굴이 나의 믿음의 이력서란 말이다. 믿음의 이력서는 자기 아내의 얼굴의 모습과 비례한다는 것이다.
 사람이 몸이 아프거나 병들면 얼굴에 나타난다. 사람이 병들면 기쁨이 사라진다. 사람이 앓는 대부분의 병은 관계적인 산물이다. 우리의 삶의 모습은 관계의 이력서이다. 우리의 믿음도 마찬가지이다. 우리는 쉽게 나의 믿음의 이력서는 '모태 신앙, 세례는 언제 받고, 집사는 언제 되고…' 이렇게만 작성되는 것으로 생각하기 쉽다. "내 아내의 얼굴이 나의 믿음의 이력서다." 이 말은 성경에 나와 있는 내용이다. "만일 한 지체가 고통을 받으면 모든 지체가 함께 고통을 받고 한 지체가 영광을 얻으면 모든 지체가 함께 즐거워하느니라." 상대방의 얼굴은 내가 만드는 것이다. 나의 지체의 얼굴은 내가 만드는 것이다. 우리는 우리 지체들이 스스로 자기 얼굴의 모습을 만든다고만 생각하며 살아왔다. 하지만 사실 상대방의 얼굴은 내가 만들어 놓은 얼굴이다. 나의 아내의 얼굴이 나의 얼굴이고, 나의 지체의 얼굴이 나의 얼굴이고, 나와 함께 살고 있는, 나와 함께 신앙생활을 하고 있는 사람들의 얼굴이 나와 관련된 얼굴이라는 것이다. 우리는 상대방의 얼굴을 아름답게 만드는 사람들이 되어야 한다. 어떻게 이렇게 할 수 있을까? 상대방을 칭찬하고 격려하면 된다. 우리는 '잘한다' 칭찬하고 격려하는 삶을 살아야 한다. 우리 모두는 서로가 받은 은사를 확인하고 감탄하는 그런 사람이 되어야 한다.

 건강한 교회는 사람들의 얼굴을 밝게 만들고, 웃게 만들고, 아름답게 만든다. 상대의 아픔이 나의 아픔이 되고, 상대의 기쁨이 나의 기쁨이 되는 교회가 되어야 한다. 이것이 교회다. 우리 교회는 사람들의 얼굴을 미남 미녀로 만들어야 한다. 영적 성형 수술을 하는 교회가 되어야 한다. 성형외과에 가서 잘못 수술하면 부작용이 있지만, 영적 성형 수술은 부작용이 없다. 상대방을 향해서 격려의 말을 하고 축복의 말을 해야 한다. 그러면 그 얼굴이 어떻게 될까? 밝아진다. 그러나 반대로 하면 어두워진다. 상대방의 얼굴을 내가 만드는 것이다.

The Art of Living
마음 이야기

한 젊은 도망자가 적을 피해 숨으려고 어느 작은 마을에 들어갔다. 사람들은 그에게 친절을 베풀어 묵을 곳을 마련해 주었다. 하지만 도망자를 찾는 군사들이 와서 그가 어디 있느냐고 묻자 모두들 잔뜩 겁에 질렸다. 군사들은 동트기 전까지 젊은이를 넘겨 주지 않으면 마을에 불을 지르고 부락민을 모두 죽이겠다고 위협했다. 사람들은 랍비를 찾아가 대책을 물었다. 진퇴양난의 상황에서 랍비는 자기 방으로 들어가 동트기 전까지 답을 얻기를 바라며 성경을 읽었다. 새벽녘에 이런 말씀이 그의 눈에 들어왔다. "한 사람이 죽는 것이 온 백성이 망하는 것보다 낫다." 랍비는 성경을 덮고 군사들을 불러 청년이 숨은 곳을 일러 주었다. 군사들이 도망자를 끌고 간 후에 마을에는 잔치가 벌어졌다. 랍비가 사람들의 목숨을 구했기 때문이다. 그러나 랍비는 즐거워하지 않았다. 즐거워할 수 없었다. 깊은 시름에 잠겨 자기 방에 남아 있던 그날 밤에 천사가 그를 찾아와 물었다. "네가 무엇을 하였느냐?" "도망자를 적에게 넘겼습니다." 그러자 천사가 "네가 넘긴 사람이 메시아임을 모른단 말이냐"고 했다. 랍비는 불안스레 "어떻게 알 수 있습니까?" 천사는 "성경을 읽는 대신 단 한 번이라도 그 젊은이를 찾아가 그의 눈을 들여다보았더라면 너는 알았을 것이다."

중세 어느 수도원이 몰락하게 되어 사람들이 다 떠나고 다섯 명만 남았다. 모두 수도원이 곧 문을 닫으리라 생각했다. 어느 날 수도원 원장이 가까운 곳에서 한 선지자가 기도한다는 소식을 듣고 찾아가 수도원의 딱한 사정을 말하고 다시 부흥할 수 있는 방법을 물었다. 그때 선지자가 제안하기를 "방법이 하나 있는데 당신들 가운데 한 사람을 예수님으로 생각하라"고 했다. 원장은 돌아와서 다른 형제들에게 그것을 전했다. 그 후 그들은 서로가 서로를 예수님처럼 대했다. 형제들은 원장을 예수님처럼 존경했다. 그가 연장자였기 때문이다. 원장은 다른 형제를 예수님처럼 대했다. 그는 너무 온유했기 때문이다. 그는 또 다른 형제를 예수님처럼 여겼다. 그가 성경에 능통했기 때문이다. 어느 날 여행객이 지나가다가 수도원에 묵게 되었는데, 그는 그곳이 다른 수도원과는 완전히 다르다는 것을 알게 되었다. 다섯 명이 있는데 꼭 여섯 명이 있는 것 같았다. 나머지 한 분이 누구인가? 바로 예수님이시다. 그 사람은 거기에 남았고 수도원은 다시 번창했다고 한다.

태조와 무학대사의 이야기다. 어느 날 태조가 친구 사이였던 무학대사에게 서로 격식없이 자유롭게 이야기를 하자고 제안을 했다. 태조가 먼저 무학대사에게 "나는 네가 돼지처럼 보인다"고 했다. 한참 있다가 무학대사가 "나는 네가 부처님처럼 보인다"고 했다. 태조가 무학대사에게 화를 내며 부처님 같은 이야기를 한다고 하자 무학대사가 이렇게 말했다. "자기 마음속에 돼지가 있으면 상대방이 돼지처럼 보이고 자기 마음속에 부처님이 있으면 상대방이 부처님처럼 보인다." 마음속에 돼지가 있으면 상대방이 돼지처럼 보이고 예수님이 있으면 상대방이 예수님처럼 보이는 것이다.

The Art of Living
인생 수업

20세기 최고의 정신의학자이자 호스피스 운동의 선구자인 엘리자베스 퀴블러 로스가 쓴 『인생 수업』(Life Lessons)이라는 책이 있다. 그녀는 '죽음의 여의사'라고 불릴 정도로 30년 동안 죽음을 연구하였다. 그녀는 죽음에 직면한 사람들의 이야기를 통해 받은 교훈을 이렇게 정리했다. "죽음을 눈앞에 둔 사람은 우리가 삶에서 놓치지 말아야 할 가장 중요한 교훈들을 일깨워 주는 스승이다. 왜냐하면 삶의 종착점에 이르렀을 때라야 사람들은 삶을 가장 분명하게 볼 수 있기 때문이다." 인생길에서 무엇이 가장 소중한 것인가를 깨달을 때 인생을 보는 눈과 태도는 달라진다.

미국의 한 심리학자가 실험을 했다. 한 마을을 찾아가 두 달 동안 집집마다 다니면서 돈을 나누어 주었다. 첫째 주에는 집 앞에

100불을 놓았다. 사람들이 깜짝 놀랐다. "이것이 웬 돈이냐?" 둘째 주에도 돈을 나누어 주었다. 사람들은 "도대체 저 사람이 누구일까" 생각했다. 셋째 주에도 큰 화제가 되었다. 4주쯤 되자 사람들은 신기해하지 않았다. 익숙해졌기 때문이다. "저 사람은 으레 1주에 한 번씩 100불씩 놓고 가는 사람인가 보다." 두 달 동안 계속하다가 마지막 여덟째 주에는 돈을 놓지 않고 그냥 갔다. 사람들이 그 사람에 대해 욕을 하기 시작했다. "우리 돈이 어디 있느냐?" "왜 내 돈을 떼어먹고 도망가느냐?"고까지 했다. 멱살을 잡고 싸우기까지 했다. 이것이 인간의 모습이다.

인생은 연습이 없다. 인생은 한 번으로 끝나는 여행이다. 인생을 70이라고 가정하고 계산했을 때, 부모 슬하에서 성장하는 기간 15년, 수면 시간 20년, 먹고 쉬고 즐기고 또 적당히 보내는 시간이 15년, 늙어서 아무것도 못하는 시절 5년을 빼고 나면, 사람 구실을 하며 가치 있는 일을 할 수 있는 기회는 70년 중에서 15년밖에 남지 않는다. 수명을 80으로 잡아도 25년이다. 정말 손 넓이만한 것이 인생이다.

우리는 아름다운 인간상을 꿈꾸어야 한다. 자신에게 없는 것으로 불평하는 인간상이 아니라 지금 있는 것으로 감사하는 인간상이다. 사랑의 인간상이다. 마틴 루터 킹은 "이 세상을 움직이는 것은 사랑이다"라고 했고, 헬렌 켈러는 "우리가 깊이 사랑하는 모든 것은 언제가 마침내 우리 자신의 한 부분이 된다"고 했다. 그렇다. 모든 것에 성공해도 사랑에 실패하면 실패한 것이다. 모든 것에 실패해도 사랑에 성공하면 성공한 것이다. 한 사람의 인간됨은 소유나 명예나 지식이나 지위에 있기보다는 사랑에 있다. 어거스틴은 "인간은 그가 알고 있는 것으로 평가될 것이 아니라 그가 사랑하는 것에 따라 평가되어야 한다"고 했다. 인생의 가장 중요한 수업은 사랑이다.

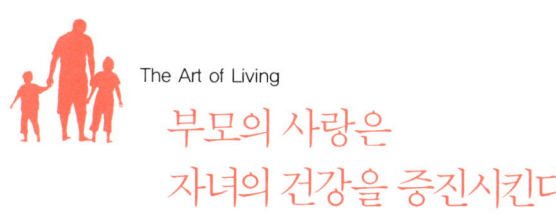

The Art of Living

부모의 사랑은
자녀의 건강을 증진시킨다

성경은 "남자가 혼자 있는 것이 좋지 않으니"라고 기록하고 있다. "혼자 있는 것"으로 번역된 히브리어 레바드(lebad)는 분리나 소외, 불안전한 느낌, 심지어 고독한 사람은 완전할 수 없다는 뜻을 내포하고 있다. 레바드는 사람이나 대상에서 분리되는 것을 암시한다. 히브리인들은 고독을 진실한 생활과 반대되는 것으로 간주했다. 참된 삶은 사회적이기 때문이다. 성경의 이 지혜는 현대 연구에서도 입증된다. 현대 의학은 분리로 초래되는 외로움은 정신쇠약과 정신장애를 유발하고, 심지어 질병을 일으키거나 요절하게 만들 수 있다는 것을 알려 준다. 텍사스 주립대학의 연구원들은 심장절개술을 한 환자들을 평가했다. 이들 가운데 조직화된 친목 그룹에서 정기적으로 활동하지 않은 사람의 사망 확률이 4배나 높다고 밝혔다. 종교가 없다고 보고한 사람들은 수술 후 6개월 이내에 사망할 확률이 3배나 높았다.

수많은 사회학 연구자들은 인간의 유전자와 상관없이 요절과 질병 감염을 예상할 수 있는 전반적 요인으로 결핍된 사회적 지원을 꼽았다. 아무도 자신에게 진심 어린 관심을 가지고 있지 않다고 생각하고, 아무도 가깝게 느끼지 못하며, 자신의 어려움을 털어놓거나 속박에서 벗어나도록 도울 수 있는 사람이 없다고 생각하는 사람은 요절하거나 질병에 걸릴 확률이 3-5배나 높았다. 부모와 자녀의 관계를 보면 더욱 확실해진다. 자녀의 행복은 부모의 사랑과 비례한다. 많은 의학적 연구에 의하면, 편모 가정이나 학대하는 집안에서 자라난 자녀는 어머니와 아버지의 사랑을 받으며 자란 아이보다 건강하지 못하다. 하버드대 연구원들은 126명의 건강한 남자를 선발하여 그들의 부모에 대한 감정을 물었다. 35년 뒤에 그들의 건강을 검토했다. 결과는 놀라웠다. 어머니와 친밀한 관계를 맺고 있지 않다고 답변한 그들 중 91%가 관상동맥 질환, 고혈압, 십이지장궤양, 알코올 중독과 같은 심각한 질병을 앓고 있다는 진단을 받았다. 어머니와 친밀한 관계를 맺고 있다고 답한 자들 중에는 45%만이 같은 진단을 받았다. 연구에 참가한

자들 가운데 아버지와 관계가 좋지 않다고 답한 이들 중 82%가 질병을 앓고 있었다. 이에 비해 아버지와 친밀한 관계를 유지하고 있다고 답변한 자들은 50%만이 질병을 앓고 있었다. 어머니와 아버지와의 관계에서 친밀하지도 따뜻하지도 않다고 답한 자들 대부분이 질병을 앓고 있는 것으로 확인되었다. 반면 부모 모두와의 관계가 친밀하고 따뜻하다고 답한 자들은 47%만이 질병을 앓고 있었다. 부모와의 관계에서 좋지 않은 감정을 가지고 자란 자녀는 대부분의 자녀가 자라서 질병에 노출된 것이다. 자녀의 건강은 부모에 대한 좋은 감정과 비례한다. 부모가 자녀에게 사랑과 시간을 투자하는 것은 미래의 자녀에게 건강을 선물하는 것이다. 인간의 유전자만 유전되는 것이 아니라 건강도 유전된다. 부모의 사랑은 자녀의 건강을 증진시킨다.

The Art of Living
유대인들의 공식

어느 날 예수님과 제자들이 길을 걸어가고 있었다. 한 소경이 더듬거리면서 지나가는 것을 보고 제자들이 예수님께 질문을 했다. "주님 저 사람이 누구 죄 때문에 저런 불행을 겪습니까? 자기의 죄 때문입니까? 아니면 그의 부모 죄 때문입니까?" 제자들의 질문은 당시 유대인들이 만들어 놓은 "모든 질병은 죄로부터 연유한 것"이라는 공식에 기반을 둔 것이었다. 당시 유대인들은 소경, 나환자, 가난, 병 등은 모두 죄 때문이라고 믿었다. 인과응보적 사고가 팽배했다. 물론 이런 생각은 유대인의 사회에만 존재했던 것은 아니다. 태국에서는 선천적인 장애를 겪고 있는 자들은 전부 전생의 죄 값 때문이라고 해석한다. 태국 부모들은 아이들을 불러 모아 놓고 이렇게 주의를 시킨다고 한다. "눈먼 사람하고는 절대 악수하지 말라. 눈먼 사람 가까이에 있지도 말라. 가까이 있다 보면 병에 걸리거나 액운을 당하게 된다." 보지 못하는 것만으로도 충분히 아프고 고통스러운 그들에게 이중의 고통을 겪게 하는 태도이다. 이것은 일종의 '이미지 현상'이다. 그렇게 함으로써 자신은 전생과 이생에서 죄가 없기 때문에 눈을 뜨고 본다는 것을 과시하려는 것이다. 이것이 인간이다. 만일 그가 앞을 보지 못하는 것이 전생의 죄 때문이라고 한다면, 왜 그 사람만 그런 불행을 당해야 하는가? 모든 인간은 한 사람도 예외 없이 죄인이다. 본성적으로나 윤리적으로 죄에서 자유할 수 없다. 만일 소경이 된 것이 죄 때문이라면 이 세상에는 소경들로만 가득해야 된다.

예수님은 제자들의 질문에 "이 사람 그 부모의 죄로 인한 것이 아니라 그에게서 하나님이 하시는 일을 나타내고자 하심이라"고 했다. 소년의 고난은 과거적인 것이 아니라 미래적인 것이라고 하셨다. 현재의 고난이 과거의 업보가 아니라 미래를 위한 소망의 씨앗이라고 선언하셨다. 기독교는 과거를 말하는 종교가 아니라 미래를 말하는 종교다. 사람을 평가할 때 과거로 평가하지 않고 미래로 평가한다. 기독교의 탁월한 메시지가 여기에 있다. 영국에서 기독교 복음이 창궐할 때 '형무소'라는 이름이 '교도소'라는 바뀌었다. 형무소는 '죄의 대가를 치르는 곳'이다. 19세기 영국에 복음의 열풍이 불어 닥쳤다. 그때 엘리자베스 프라이가 전면에 나서 '형무소'를 '교도소'로 바꾸는 운동을 했다. 교도소는 응징이 목적이 아니라 변화가 목적이다. 죄의 대가를 치르게 하는 형무소와는 달리 교도해서 새 사람을 만드는 것이 교도소다. 성경이 소경의 이야기를 통해 던지는 주제는 죄가 아니라 변화요 소망이다. 소경에게 하나님의 선한 뜻을 선포한 예수님의 말씀은 편견이 만연한 사회에 던지는 메시지가 크다.

The Art of Living
우울증과 공동체

숭례문 방화 사건은 참으로 우리 민족에게 가슴 아픈 일이 아닐 수 없다. 우리나라 국보 제1호가 한 사람의 잘못으로 인하여 소실되는 아픔을 겪었다. 땅 보상 문제로 중요한 한국인의 얼이 깃들어 있는 숭례문에 불을 질렀다. 이러한 행위는 한 사람이 얼마나 많은 사람에게 슬픔을 줄 수 있는가를 보여 주는 사건이기도 하다. 또한 물질적 가치 때문에 양심이라는 윤리적이고 정신적 가치를 저버린 사건이기도 하다.

우리 민족은 원래 공동체적인 삶과 가치를 중요하게 여겨 온 민족이다. "우리 아내", "우리 남편"이라는 말은 분명 어색한 표현이다. 서구 사람들이 들으면 이해할 수 없는 언어 표현이다. "나의 아내", "나의 남편"이라고 해야 옳지만 우리는 "우리 아내", "우리 남편"이란 표현을 더 애용한다. 이러한 언어문화는 공동체적 삶을 소중히 여기는 삶의 단면이기도 하다. 하지만 요즈음 우리는 서구인들보다 더 개인주의화되어 가고 있다. 영국에서 공부하면서 한인교회를 섬긴 적이 있다. 그때 한 교회를 세내어 예배를 드렸다. 어느 날 영국 교회 목사님이 사랑 어린 마음으로 했던 말을 지금도 잊을 수 없다. "공동체가 사용하는 물건은 더 깨끗하게, 더 엄격하게 관리해야 한다." 우리는 개인의 물건은 소중히 관리하면서 공동체의 물건은 함부로 하는 경향이 있다. 어떤 의미에서 공동체적 삶이 약화되어 가는 것은 정신의학적으로 분석해 보면 사람들의 정신이 병들어 간다는 의미이기도 하다. 현대인들이 앓고 있는 우울증도 공동체적 가치와 삶이 약화되어가는 과정에서 심화된 산물이기도 하다.

최근에 우리 사회에 정신적인 질병을 앓고 있는 사람들의 숫자가 24% 증가했다고 한다. 한 보고에 의하면 현대인의 절반은 정도의 차이일 뿐 우울증을 앓고 있다고 한다. 이렇게 정신적인 고통을 앓고 있는 사람들은 그들의 삶 속에서 축복이라는 언어와 사랑이라는 언어가 결핍되어 있는 특징을 가지고 있다. 어느 정신과 의사에 의하면, 중증 우울증 환자의 80%가 자살하게 된다고 한다. 우울증은 현대인의 정신적 질병 가운데 하나다. 이런 정신적 고통은 사랑이라는 언어의 결핍에서 온다. 우울증에 시달리는 사람들이 대부분 몇 개월 동안 축복을 받지 못하고 사랑이라는 말을 들어 보지 못하고 살아온 사람들이라고 한다. 결국 우리가 겪고 있는 수많은 우울증의 형태들은 우리 삶이 물질문명에 지나치게 자리를 내주고 사랑의 가치를 약화시키고 있다는 증거이기도 하다.

The Art of Living
기러기 예화

존 맥스웰의 리더쉽 이론에 나오는 기러기 예화이다. 기러기는 겨울을 나기 위해 여행할 때 V자 대형으로 날아간다. "까옥 까옥" 요란하게 울며 날아가는데, 우는 것은 뒤쪽에 있는 기러기들이다. 앞에 날아가는 기러기가 속력을 늦추지 않도록 격려하기 위해서다. 기러기들이 V자형으로 나는 것은 앞에서 나는 기러기가 날개를 휘저어 만드는 바람 파도를 탈 수 있기 때문이다. 기러기들은 앞뒤로 자리를 공평하게 바꾸며 날아간다고 한다. 기러기는 매우 나약한 철새이다. 그러나 기러기들은 장거리를 유유히 날아간다. 우리는 기러기로부터 나약함이라는 장애를 극복하는 비결은 협동심이라는 지혜를 배우게 된다. 기러기들이 무리를 지어 날아가면 혼자서 날아갈 때보다 70퍼센트의 힘을 절약할 수 있다고 한다.

앞에서 기러기가 날갯짓을 하며 내는 바람이 뒤의 기러기들을 떠받치기 때문이다. 서로의 약점을 가지고 서로를 비판하면 서로를 파괴하지만, 서로 부족하기 때문에 서로를 도와야 한다고 생각하며 협동심을 발휘하면 엄청난 힘을 낼 수 있다.

함께 힘을 모아 협력하는 것이 얼마나 중요한가를 수레를 끄는 말을 보면 알 수 있다. 수레를 끄는 말 한 마리는 혼자서 2톤 무게의 짐을 옮길 수 있다고 한다. 하지만 두 마리의 말이 협력해서 함께 끌면 23톤의 무게를 옮길 수 있다고 한다. 서로 협력하는 것이 이처럼 중요하다. 우리는 왜 서로 협력하지 못하는 것일까? 그것은 나를 이기려고 하지 않고 다른 사람을 이기려고 하기 때문이다.

어느 유대인 랍비가 세상을 떠나며 이런 말을 남겼다. "어렸을 때는 세상을 바꿀 궁리를 했어. 나이가 좀 더 들고 보니 야심이 너무 컸다는 생각이 들어서 나라를 바꿀 작정을 했지. 그런데 시간이 갈수록 그것도 너무 큰 꿈이라는 깨달음이 생기더군. 그래서 이번엔 우리 동네를 바꿔 보려고 했어. 그것마저 힘들다는 걸 알고 다음에 가정을 변화시키려고 노력했지. 이제 나이가 들만큼 들고 보니 나를 바꾸는 데서 시작할 걸 그랬다는 후회가 드는구나. 자신을 바꾸는 일부터 했더라면 이어서 가정을 바꾸고, 마을을 바꾸고, 더 나가서 나라를 변화시킬 수도 있었을 텐데. 그리고 누가 알겠느냐? 세상까지 변화시켰을지."

　인생에서 가장 이기기 어려운 상대는 자신이다. 노자는 "남을 아는 사람은 지혜 있는 자이지만, 자기를 아는 자는 명철한 자이다. 남을 이기는 사람은 힘이 있는 자이지만, 자기 스스로를 이기는 사람은 더욱 강한 자이다"라고 했다. 자기의 부족함을 알고 서로 협동하려 할 때, 남을 이기려 하지 않고 나를 이기려고 할 때 사회는 변화를 경험한다. 성숙한 사회는 자기를 이기는 사람들이 많은 사회이다.

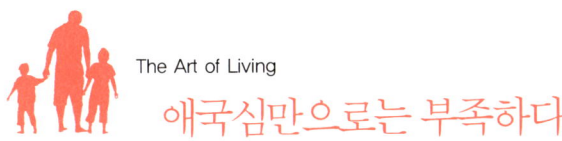

The Art of Living
애국심만으로는 부족하다

유명한 전도자 무디는 수많은 영혼을 살렸다. 비결은 축복이었다. 그는 어느 곳에 가든 먼저 축복했다. 어린이나 술주정뱅이를 만나도 축복했고 깡패를 만나도 축복했다. 놀라운 것은 축복하는 대로 사람들이 변화되었다. 어린아이에게 축복을 했는데 하나님의 말씀을 증거하는 목사가 되고, 술주정뱅이를 축복했더니 변하여 복음을 증거하는 사람이 되고, 깡패를 축복했더니 변하여 교회에 충성하는 일꾼이 되었다. 무디는 "하나님의 말씀대로 전도하고 하나님의 말씀대로 선포했더니 그것이 부흥의 첩경이더라"고 고백했다.

축복하는 마음만큼 넓은 마음은 없다. 비판치 않고 관용하는 것이 중요다. 우리는 옳은 사람이어서만은 안 된다. 품을 수 있어야 한다. 백의의 천사라고 하는 나이팅게일은 크리미아 전쟁 중에 첩자로 몰려 사형을 당하게 되었다. 군에서 아군만 치료하고 적군은 치료하지 말라고 했지만 명령을 어기고 적군까지 치료해 주었다는 죄목이었다. 사형당하는 나이팅게일의 마지막 말은 우리의 가슴을 여미게 한다. "애국심만으로는 부족합니다." 더 큰 사랑의 마음이 필요함을 역설한 말이다. 율법만으로는 부족하다. 은혜가 있어야 한다. 정의만으로는 부족하다. 사랑이 있어야 한다. 사람은 법으로 변화되는 것이 아니라 사랑으로 변화되는 존재다.

바울은 "만일 너희가 그리스도를 통해 배운 것이 조금이라도 있다면, 그의 사랑이 너희의 삶을 조금이라도 변화시켰다면, 그리고 성령님과 교통하는 것이 조금이라도 너희에게 의미가 있다면, 서로 화합하고 사랑하며, 영적으로 깊은 관계를 맺는 친구가 되라"고 권면한다. 테레사 수녀는 "당신에게 왔다가 더 나아지고 더 행복해지지 않은 채 돌아가는 사람이 없도록 하라. 하나님의 인자하심을 표현하는 사람이 되어라. 얼굴에서, 눈빛에서, 미소에서, 따스한 인사에서 인자함을 나타내라"고 했다.

The Art of Living
바라봄의 철학

어느 기독교 잡지에 나온 한 목사님의 고백이다. "어쩌란 말인가? 설교를 크게 하면 시끄럽다 하고, 소리를 작게 내어 조용히 하면 박력이 없다 하고, 짧게 하면 밑천이 없다 하고, 길게 하면 지루하다 하고, 성경을 깊이 들어가면 어렵다 하고, 예화를 많이 쓰면 세상 이야기를 많이 한다 하고, 근엄하게 하면 딱딱하다 하고, 유머를 쓰면 농담을 한다 하고, 재미있게 하려고 애쓰면 유치하다 하고, 원고를 보면 거기에 매인다 하고, 원고를 안 보면 준비가 없다 하고, 열을 내어서 하면 감정에 치우친다 하고, 차분히 하면 열정이 없다 하고, 웃으면서 하면 무게가 없다 하고, 무게가 있게 하면 부드럽지 못하다 하고, 한 번쯤 들은 예화만 나와도 게으르다 하고, 좋고 교훈된 말씀은 잘도 잊어버리고, 비위에 거슬린다 싶으면 절대로 잊지 않고 이를 간다. 그러고 보면 그 힘든 설교를 20여 년 하고 있으니 나도 참 대단하구나!"

사실 설교를 잘하는 목사님들은 많다. 그러나 완벽한 설교를 하는 목회자를 찾기란 불가능하다. 우리 주변에 살펴보면 좋은 목사님들이 있다. 그러나 완전한 목사는 존재하지 않는다. 하나님만이 완전하시다. 사람이라면 누구나 불완전하고 부족한 부분이 있기 마련이다.

모든 사람은 단점과 장점을 가지고 살아간다. 이것이 인간의 실존이다. 이러한 인간의 실존 속에서 어떤 사람은 플러스(+) 인생을 살고 어떤 사람은 마이너스(-) 인생을 산다. 그것은 바로 '바라봄의 철학'에서 연유한다.

미국에서 자수성가한 100명의 백만장자들에 대한 공통점을 연구하였다. 나이는 21세에서 70세까지 다양했다. 학력도 초등학교 중퇴에서 철학박사에 이르기까지 다양했다. 그들 중 70퍼센트는 인구 15,000명 미만의 작은 마을 출신이었다. 하지만 이들에게 한 가지 공통점이 있었다. 그들은 모두 장점 발견자들이었다. 언제나 타인의 장점을 보는 데 탁월한 사람들이었다.

플러스 인생을 산 사람들은 모두 다른 사람의 장점을 보는 데 탁월한 사람들이다. 서머셋 모옴은 "인생의 가장 큰 비극은 우리가 죽는다는 사실이 아니라 사랑을 멈추는 일이다"라고 했다. 우리가 서로의 장점을 보며 사랑할 때 플러스 인생이 된다.

The Art of Living
베리 마르타의 비전

베리 마르타라는 한 여인은 몹시 가난하였지만 마음에 큰 소원이 있었다. 자기처럼 가난하여 공부를 하지 못하는 아이들을 위해 학교를 세워 진정한 교육을 시켜 보겠다는 희망을 가지고 있었다. 그 희망만이 그녀의 유일한 기도 제목이었다. 하지만 아무것도 없는 상태에서 학교를 세운다는 것은 보통 기도 제목이 아니었다. 하루는 기도하는 중에 용기가 생겨 그 당시 거부였던 헨리 포드를 찾아갔다. 헨리 포드에게 사정 이야기를 한 다음 학교를 세울 돈을 기부해 달라고 요청했다. 이야기를 자세히 듣던 헨리 포드는 동전 하나를 내밀었다. 거절의 표현이었던 것이다. 그러나 베리 마르타는 실망하지 않았다. 기도를 한 후에 헨리 포드가 전해 준 작은 동전을 가지고 씨앗 한 봉지를 샀다. 그것을 빈 공터에 뿌렸다. 몇

해 그렇게 반복하자 씨앗의 양은 점점 불어났다. 마침내 그녀는 건물을 세울 수 있게 되었다. 건물 한 동을 세운 다음 그녀는 다시 헨리 포드를 찾아가 말했다. "오셔서 몇 해 전에 주셨던 동전 하나로 이룬 성과를 둘러봐 주십시오." 그 때 헨리 포드는 자기의 귀를 의심했다고 한다. 동전 하나로 건물을 세웠다는 말을 믿을 수가 없어 직접 확인하기 위해 농장에 세워진 건물을 찾아갔다. 그는 그 건물을 직접 보고 큰 감명을 받게 된다. 그리고 학교를 위해서 그 자리에서 100만 달러를 기부하게 된다. 작은 동전 속에서 베리 마르타는 큰 비전을 보았던 것이다. 비록 작은 것이었지만 그 속에 내재되어 있는 가능성과 희망을 보았던 것이다.

바닷물 속에 포함되어 있는 불과 2.8퍼센트의 소금이 바닷물을 썩지 않게 한다. 작은 것에서 희망을 보고 사랑으로 큰일을 이루었던 베리 마르타가 바로 2.8퍼센트의 소금과 같은 사람이 아닌가 싶다. 그녀를 소금과 같은 사람이 되게 한 원동력은 희망과 사랑이다. 인생을 풍부하고 건강하게 하는 것은 사랑과 희망이다. 아름다운 삶을 꿈꾸는 사람들은 사랑에 성공해야 한다. 모든 것에 성공해도 희망과 사랑에 실패하면 실패한 것이다. 하지만 비록 다른 것에 실패했다 하더라도 희망과 사랑에 성공하면 성공한 것이다.

The Art of Living
인간의 역사

『루소와 혁명』이라는 책으로 1967년에 퓰리처 상을 받은 듀란트 부부가 1968년 "이 지구에 전쟁이 얼마나 있었을까?" 하는 것을 계산해 보았다. 1900년대부터 거슬러 올라가서 B.C. 1500년까지 약 3421년을 조사해 본 결과, 인간들이 전쟁을 치르지 않은 기간은 불과 286년에 불과했다. 그러니까 3135년은 크고 작은 전쟁을 하면서 살았다는 것이다. 결국 지구의 역사는 끊임없는 투쟁의 역사라는 것을 알 수 있다. 버트란트 러셀은 인간은 세 가지 투쟁을 하며 살아간다고 설파했다. 모든 인간은 타인과 투쟁, 자연과 투쟁, 자기 자신과 투쟁하며 살아간다는 것이다. 이 중 가장 어려운 투쟁은 자기 자신과의 투쟁이라고 하였다. 우리는 우리 자신과 가장 많은 투쟁을 하면서 살아간다. 나의 자존심과의 투쟁, 나의 말과의 투쟁, 나의 열등감과의 투쟁 등 이루 말할 수 없는 자기 자신과의 투쟁이 있다. 때문에 성경은 "모든 지킬 만한 것 중에 더욱 네 마음을 지키라"고 하였다.

인간의 역사는 자존심의 문제와 깊이 연결되어 있다. 이런 말이 있다. "자존심을 이용하는 사람은 무서운 사람이다." 자존심의 문제를 건드리는 사람을 가장 조심해야 한다. 대부분의 사람은 자존심 앞에서 무너진다. 우리 인생사에서 맞서서 이길 것이 있고, 피해서 이길 수 있는 것이 있다. 피해서만 이길 수 있는 것이 바로 성과 자존심의 문제이다. 자존심의 문제는 맞서서 이길 수 있는 것이 아니라 피해서만 이길 수 있다. 사람들은 자존심 때문에 싸우고 전쟁을 하는 경우가 많다. 듀란트 부부는 인간의 역사에서 사람들이 싸우고 전쟁을 하는 가장 큰 이유가 바로 자존심 때문인 것을 밝혀 준다. '나무 물통 전쟁'(The War of the Oaken Bucket)이 있다. 1325-1337년까지 약 12년이나 계속된 이 전쟁은 이태리에서 벌어졌다. 이태리 모데나(Modena)에서 온 일단의 군인들이 볼로냐(Bologna)에 침입하여 갈색 자작나무 물통을 훔쳤다. 12년이나 계속된 이 전쟁으로 많은 사람이 죽었는데도 불구하고 이런 희생을 치르면서까지 모데나는 나무 물통을 지켰다. '돼지 전쟁'(The Pig War)도 있다. 1906년에 시작하여 3년간 지속된 오스트리아·헝가리 연합군과 세르비아의 싸움은 이랬다. 세르비아에서는 오스트리아와 헝가리에 돼지를 판매하지 못하도록 하고 대신 프랑스에 판매하였는데, 이에 화가 난 오스트리아와 헝가리는 세르비아를 공격하였다. 1925년에는 '길 잃은 개 전쟁'(The War of the Stray Dog)도 있다. 그리스와 불가리아의 전쟁이었는데, 그리스 병사의 개 한 마리가 마케도니아 국경을 넘어 도망치자 그리스 병사가 그 개의 뒤를 좇아 갔다가 불가리아 병사에게 총을 맞았다. 그리스 군대는 화가 나서 불가리아 국경을 침범하여 50명 이상을 죽였다. 사람들은 나무 물통 하나 때문에 전쟁을 하고, 길 잃은 개 때문에 전쟁을 한다. 이것들은 표면에 드러난 하나의 이유일 뿐이다. 그 이면을 살펴보면 바로 자존심이다. 자존심이 전쟁의 진정한 원인이다.

자존심으로 이 세상을 살지 않고 건강한 속사람을 가지고 삶을 사는 사람이야말로 복 있는 사람이다. 예수는 "심령이 가난한 자는 복이 있나니 천국이 그들의 것임이요"라고 하였다. 심령이 가난한 사람이란 바로 속사람이 건강한 사람이다. 진정으로 부한 사람은 속사람이 건강한 사람이다.

한국 사회 안에는 명품 열풍이 계속 불고 있다. 중국과 한국에는 소위 짝퉁이 만연하고 있다. 세계적으로 이름난 좋은 옷을 입고 좋은 가방을 들고 다니면 나의 가치가 높아진다고 생각하기 때문일 것이다. 진짜 명품이란 무엇인가? 내가 명품 인간이 되면, 내가 걸치고 다니는 것이 명품이 된다. 내가 가치 있는 인간이 되면, 내 물건의 가치가 높아지는 것이다. 내가 명품 인간이 되면 내가 입고 다니는 천 원짜리 옷이 명품이 되는 것이다.

19세기에 미국 전체를 변화시켰던 D. L. 무디는 원래 구두 수선공이었다. 학벌이 없었다. 초등학교도 못 나왔기에 교회에서 교회학교 교사를 하려고 해도 시켜 주지 않았다. 그에게 교회학교 담당자가 물었다. "글을 읽을 줄 아니?" "모릅니다." "그런데 무슨 교사를 하니? 나가 있어." 교회에서 교사를 시켜 주지 않자 무디는 자기 혼자 나가서 전도해서 학생들을 모았다. 그리고 자기 스스로 모아 온 학생들을 가르치기 시작했다. 놀라운 일이 벌어졌다. 무디가 만든 교회학교 학생 수가 교사들 이삼십 명이 가르치는 아이들 수보다 더 많아졌다. 그래서 어떤 교회학교에서는 학생은 주지 않으면서 담임교사를 맡기는 반을 가리켜 '무디반'이라고 한다. 무디와 같은 시각을 가지고 있는 사람들은 학생이 필요 없다는 것이다. 무디는 50명, 100명, 나중에는 수백 명까지 이끌게 되었고, 마침내 많은 영혼을 주님께로 이끄는 위대한 부흥사가 되었다. 위대한 교회를 세웠고, 위대한 학교를 세웠다. 만약 무디가 배우지 못했다고 무시하고 교사를 시켜 주지 않아서 자기 자존심을 상하게 한 교회를 향해 비난이나 하고, "나를 이렇게 무시해! 이럴 수 있어!" 하고 상처의 마음을 가지고 살았다면 하나님 앞에서 큰 인물이 될 수 없었을 것이다. 무디는 배운 것 없고 가진 것 없는 구두 수선공에 불과했지만 주님 안에서 길을 본 것이다. 그에게는 수많은 장애물이 있었지만 장애물을 본 것이 아니라 길을 본 것이다.

에스테반에서 일어난 일

역사를 보면 종교 때문에 편견이 더욱 심화된 경우가 있다. 종교는 그 특성상 잘못된 편견을 만들어 낼 수 있는 여지가 가장 많은 영역이기도 하다. 유대인들은 인류사에 큰 공헌을 하기도 했지만 종교와 신앙으로 인하여 편견을 심화시키기도 했다. 유대인 크리스천인 알프레도 엘 더 쉐임은 유대인들의 이방인에 대한 편견의 사례를 소개했다. "모든 이방인 아기는 태어나는 그 순간 부정하다." 유대 율법책을 해석해 놓은 미쉬나에 "누가 아기를 짐승에게 맡기겠는가? 유대인 아기를 이방인 의사에게 맡기는 것은 아기를 짐승에게 맡기는 것이다"라고 기록되어 있다. 유대인들은 이러한 잘못된 전통과 문화를 정당화했다. 이러한 편견과 전통은 그들의 신앙이 깊어 갈수록 심화되었다.

인간이 경험하는 수많은 문제는 처음부터 큰 것에서부터 시작되는 것이 아니다. 1999년 온두라스(Honduras)의 에스테반이라는 마을에 한 선교사가 도착했다. 갖은 고생을 하며 열심히 노력했지만 열매가 없었다. 선교사는 마을에 무슨 문제가 있는가를 살피기 시작했다. 기막힌 사실 하나를 발견하게 된다. 30년 전 1969년에 마을에 사이좋은 두 집안이 있었다. 어느 날 두 집안이 잔치를 하게 되었다. 잔치에서 닭싸움 경기를 하였는데 한 집의 닭이 죽고 말았다. 그날 이후 두 집안이 1999년까지 원수처럼 싸우다가 죽은 사람들이 무려 80명이나 되었다. 자손들은 자신들이 왜 서로 미워하는지 몰랐다. 그 작은 이유 하나 때문에 두 가정 사이에 평화가 깨지고 서로 미워하게 되고, 급기야는 80명의 젊은이들이 희생당했던 것이다.

우리 가운데 수많은 미움이 나와 관계없이 다른 사람들의 편견이나 영향으로 말미암아 발생한다. 아주 작고 사소한 것으로부터 문제가 발생하는 경우가 많다. 삶의 지혜가 필요하다. 편견으로부터 자유로울 수 있는 지혜와 작은 문제 하나라도 주의하는 삶의 지혜다.

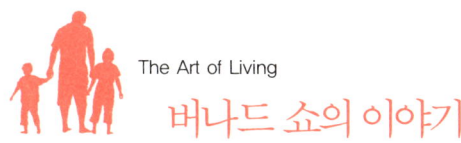

The Art of Living
버나드 쇼의 이야기

철학자 아리스토텔레스는 무거운 물체가 가벼운 것보다 먼저 떨어진다고 가르쳤다. 위대한 철학자의 가르침을 사람들은 신뢰했다. 그가 죽은 지 천 년이 지난 후 갈릴레오가 뛰어난 학자들을 피사의 사탑으로 불러 모았다. 그는 꼭대기에 올라가서 십 킬로그램과 일 킬로그램의 두 물체를 동시에 떨어뜨렸다. 놀랍게도 두 물체는 동시에 땅에 떨어졌다. 하지만 아리스토텔레스의 학설에 대한 믿음이 너무 강한 나머지 학자들은 눈으로 보았음에도 불구하고 믿으려 하지 않았다.

우리가 잘 아는 영국 비평가 버나드 쇼가 하루는 영국 사회를 관찰하며 잘못된 사회의 일면을 비평해 나가는 중에 한 가지 사실을 발견하게 됐다. 그것은 다름 아닌 미켈란젤로의 작품을 좋아하는 사람들은 로댕의 작품을 굉장히 싫어한다는 사실이었다. 버나드 쇼는 그 사람들의 편견을 교정하기 위해 한 가지 계획을 세우고 실행했다. 미켈란젤로의 작품을 좋아하는 사람들을 초청하여 자기 집에서 큰 파티를 열었다. 만찬이 끝날 무렵 버나드 쇼가 나와서 마이크를 잡고 "잠시만 기다리십시오. 제가 아주 귀한 작품을 보여 드리겠습니다"라고 하고 방에 들어가 조각 한 점을 가지고 나와서 세워 놓고 말했다. "멋있지요? 이것이 로댕의 작품입니다." 장내가 조용해지더니 웅성웅성 반응이 나타나기 시작했다. 그리고 편견에 사로잡힌 혹독한 비평들이 쏟아지기 시작했다. "이 조각은 왜 이래?" "전체적으로 구조도 엉망이고 조형미라고는 찾아볼 수 없어" 등등 비난이 쏟아졌다. 온갖 비난이 거의 끝나갈 무렵 버나드 쇼가 다시 마이크 앞에 나와 당황한 표정을 지으며 사과한다. "아, 제가 그만 실수를 했습니다. 작품을 잘못 갖고 나왔네요. 이 조각은 로댕의 작품이 아니라 미켈란젤로의 작품입니다." 장래가 숙연해졌다.

 이 이야기는 꾸며 낸 이야기가 아니라 실화이다. 편견은 이처럼 무섭고 어리석은 결과를 낳는 법이다. 왜 사람들은 똑같은 작품을 이처럼 다르게 생각하고 평가하게 될까? 편견 때문이다. 사람들은 편견을 가지고 사물을 보는 습관이 있다는 증거이다. 편견은 사실을 사실대로 바라보지 못하게 한다. 편견은 자신이 보고자 하는 것만 보고 듣고자 하는 것만 듣게 한다. 과학과 문명의 눈부신 발전에도 불구하고 현대 인류가 해결하지 못하는 병은 바로 편견이라는 병이다. 어떤 이는 "인류의 역사는 곧 편견의 역사다"라고 말하기도 했다. 한 정치가는 "인간이 모든 편견에서 자유로울 수 있다면, 지구촌 문제 중 90% 이상이 지금 당장 해결될 것이다"라고 했다.

The Art of Living
신앙과 문화

어느 날 같은 마을에서 사역을 하는 유대교 랍비와 천주교 신부가 뷔페식당에서 만났다. 자리에 앉다 보니까 서로 가까이 앉게 되었다. 신부가 음식을 가져와서 그냥 먹으면 될 것을 랍비에게 짓궂게 말을 건넸다. "아, 당신은 참 안됐소. 이 맛있는 새우도 못 먹고." 그러고는 하나를 먹었다. "이 신선한 굴도 못 먹고." 계속 약을 올리다가 마지막으로 포크를 집으며 말했다. "이 맛있는 돼지고기도 못 먹고." 가만히 있던 랍비가 점잖게 이야기했다. "나도 언젠가는 한번 먹을 때가 있을 것입니다." 천주교 신부가 깜짝 놀라며 "어떻게 랍비가 유대인들이 부정하다고 여기는 음식을 먹을 수 있단 말입니까? 언제 먹으렵니까?" 하고 쳐다보자 랍비가 신부에게 말하기를, "언제인지 모르지만 당신이 장가가는 날 먹어 드리지요"라고 했다.

신부가 장가가지 않는 것은 신앙적인 보수라기보다는 문화적인 보수라 할 수 있다. 천주교에서는 이것을 굉장히 중요하게 여기고 신앙적으로 해석할지 모른다. 하지만 성경 어디에도 목회자가 장가가지 말라는 말은 없다. 단순한 견해 차이로 많은 사람이 서로 아픔과 고통을 주고받는 경우가 있다. 통계에 의하면 인간관계의 갈등 중 90퍼센트 이상이 견해 차이 때문에 발생한다고 한다. 우리는 두 사람만 모여도 견해 차이가 있을 수밖에 없다. 견해 차이는 왜 발생하는 것일까? 문화의 차이 때문이라고 사회학자들은 말한다. 문화는 사람이 살아온 틀이다. 생각의 틀이요, 그동안 생활해 온 생활 방식이다. 내 나름의 철학이요, 이미 내 안에 형성된 세계관이다. 사람은 누구나 이 틀 속에 갇혀 있기 마련이다. 이것을 벗어날 사람은 아무도 없다. 똑같은 사물을 보고서도 서로 해석이 다르다. 똑같은 문제를 놓고도 해결 방법이 다르다. 그래서 견해 차이를 느끼고, 그래서 갈등이 생긴다.

한국 목사님 한 분이 미국에서 공부할 때 일어난 일이다. 하루는 설교학 시간에 영어로 설교를 해야 했다. 영어 실력도 짧고 해서 그림책 하나를 가지고 설교를 했다. 미국 사람, 한국 사람, 아프리카 사람이 함께 앉아서 이 목사님의 설교를 들었다. 우리가 주일학교 때부터 들었던 설교였다. 네 가지 색깔로 복음을 설명하는 것이었다. 하얀 색깔을 보여 주면서 "우리가 하나님과의 관계에서 이렇게 아름다웠습니다. 하얀 색, 평화를 상징하죠?" 까만 색을 보여 주면서 "죄가 우리 안에 들어왔습니다." 빨간 색을 보이면서 "예수 그리스도의 보혈이 우리 죄를 씻었습니다." 황금 색을 보여 주면서 "예수님을 믿는 자는 누구든지 황금 길을 다닙니다." 학생들이 박수를 쳤다. 하지만 쏘아 보기만 하며 박수를 치지 않는 학생들이 있었다. 아프리카에서 온 학생들이었다. "왜 검은 색이 죄를 뜻하냐"고 질문하기 시작했다. 한국 목사님이 "그럼, 검은 색이 죄를 뜻하지, 흰색이 죄를 뜻하는가"라고 했다. 그러자 아프리카에서 온 학생들은 "흰색이 죄를 뜻할 수도 있지 않느냐"라며 잘못된 예화이므로 사과하라고 요구했다. 성경에 보면 죄를 검정 색과 관련하여 설명하기보다는 붉은 색을 죄와 관련해서 표현하고 있다. "너희 죄가 주홍 같이 붉을지라도 눈과 같이 희리라."

우리가 신앙이라고 생각하는 것 중 문화적인 것이 얼마나 많은지 모른다. 서로 다름의 차이에도 불구하고 우리가 어떻게 보다 더 성숙한 신앙을 소유할 수 있을까? 신앙에 대해서는 보수적인 마음을 가져야 한다. 그러나 문화에 대해서는 서로 문을 열어야 한다. 고집부리지 말아야 한다.

The Art of Living
정직은 감동과 축복의 원리다

옛날 어느 왕이 나라의 대신들에게 꽃망울이 맺힌 화분 하나씩을 나누어 주면서, 한 달 후에 꽃을 가장 예쁘게 가꾸어 온 자에게 큰 상을 내리겠다고 했다. 그날부터 대신들은 모두 자기에게 주어진 화분을 마치 임금 대하듯 했다. 저마다 제일 예쁘게 가꾸기 위해 매일 온갖 정성을 다 기울였다. 마침내 정해진 날이 돌아왔다. 대신들이 차례대로 자기가 가꾼 화분을 왕에게 바쳤다. 모두 아름답고 향기롭기 그지없었다. 하지만 제일 마지막으로 임금 앞에 나아온 대신의 손에 들려 있는 화분을 보고는 모두 깜짝 놀랐다. 화분 속에는 화려한 꽃이 아니라 말라 죽어서 비틀어진 줄기만이 꽂혀 있었기 때문이다. 왕이 노기 띤 얼굴로 어찌된 영문인지 물었다. 그 대신은 죽을 죄를 지은 죄인의 표정으로, 지난 한 달 동안 온갖 정성을 다 기울였지만 까닭 없이 꽃이 시들어 버려 어쩔 수 없이 그냥 가지고 왔다고 대답했다. 왕은 죽은 꽃을 들고 온 그 대신에게 상을 내렸다. 모두들 의아해했지만 그 이유는 간단했다. 한 달 전 왕이 대신들에게 나눠 준 화분에 심겨진 나무는 뿌리가 잘려진 것이었다. 그럼에도 대신들은 모두 아름다운 꽃이 핀 화분을 들고 왔다. 화분을 바꿔치기 한 것이다. 오직 한 사람만이 정직하게 본래의 화분을 가지고 왔다.

어떤 상황 속에서도 정직함을 잊지 않고 사는 것이 사람됨의 기본이다. 최효섭은 그의 『명상록』에서 "일에 정직한 것을 '성실'이라 하고, 이웃에게 정직한 것을 '사랑'이라 부르고, 진리에 정직한 것을 '정의'라고 하며, 아내나 남편에게 정직한 것을 '정절'이라 부르며, 신에게 정직한 것을 '믿음'이라 부른다"라고 했다. 하나님은 완벽함이 아니라 정직함을 원하신다. 로버트 번즈는 "정직한 사람은 가장 고상한 하나님의 작품이다"라고 했다.

랍비 버디체프의 레위 이즈하트가 티슈바브 금식일에 음식을 먹고 있는 한 남자를 만났다. 랍비가 그를 향해 "오늘이 금식일임을 잊은 게로군?" 하고 물었다. 남자는 "아닙니다. 오늘이 티슈바브 금식일 아닙니까"라고 했다. 랍비는 다시 "아하! 그렇다면 어디가 아픈 게로군. 의사가 금식하지 말라 한 게지" 하고 말했다. 그 남자는 "아닙니다. 저는 건강합니다"라고 대답했다. 랍비는 눈을 들어 하늘을 보고 말했다. "하나님, 당신의 귀한 자녀를 보십시오. 제가 핑계거리들을 주었는데도 진실을 고집하는 저 형제를 보십시오. 금식일을 어기더라도 정직을 고집하는 저 사람을 말입니다." 정직은 윤리의 원리이기도 하지만 또한 감동의 원리요 축복의 원리다.

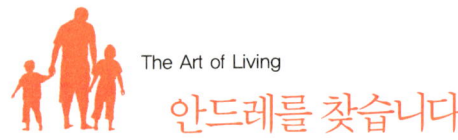

The Art of Living
안드레를 찾습니다

예수님에게는 열두 명의 제자가 있었다. 그중에는 베드로나 야고보나 요한처럼 누구나 다 아는 유명한 제자가 있다. 또 가룟 유다와 같이 악명 높은 제자도 있다. 그러나 잘 알려지지 않았지만 그 믿음의 강도가 다이아몬드처럼 빛나는 제자가 있다. 보통 때는 있는지 없는지조차 모를 만큼 조용하게 지내는 사람이지만, 언제나 올바른 믿음으로 반응했던 귀한 제자. 바로 안드레다. 안드레는 성경에 많이 등장하지 않는다. 성경 전체를 통틀어 네 차례 나온다. 그런데 그 기록된 사건들을 살펴보면 하나같이 극적이요 순종하는 모습이다. 예수님이 제자들을 부르실 때 맨 처음 제자로 부르신 사람이 안드레였다. 안드레가 처음 등장하는 장면이다. 다음은 안드레가 자기 형제 시몬을 예수님께로 인도하는 장면이다. 예수님의 수제자인 베드로를 주님께로 인도한 사람이 바로 안드레다. 안드레가 세 번째 등장하는 장면은 오병이어의 기사다. 안드레는 보리 떡 다섯 개와 물고기 두 마리를 가진 소년을 예수님께로 인도했다. 오병이어의 기적의 순간에도 순종의 사람 안드레가 있었다. 마지막 장면은 많은 헬라인을 예수님께로 인도한 모습이다. 성경에 보면 안드레가 무슨 특별한 것을 가르쳤다고 하는 기록도 없고, 대단한 능력을 행했다는 기사도 없다. 그러나 안드레는 주님께 항상 순종하고 사람들을 주님께로 인도하는 그런 제자였다. 안드레의 이 조용한 순종이 결국은 많은 열매를 맺는 축복의 통로가 되었다.

어렸을 때 들은 이야기다. 지독한 구두쇠 부자로 소문난 한 영감님이 있었다. 이 구두쇠 영감님이 회갑을 맞게 되었다. 그 집의 종들은 회갑 날이므로 오늘 하루는 잘 먹고 잘 쉴 수 있겠지 하고 다들 잔뜩 기대하고 있었다. 그런데 지독한 영감님은 그날 조차도 쉬지 못하게 하면서 종들에게 새끼를 꼬라고 했다. 그것도 가늘고 길게 꼬라고 했다. 종들은 불평하기 시작했다. "오늘 같은 날 무슨 새끼를 꼬냐." 유독 한 사람만 그 새끼를 가늘고 길게 꼬라는 말에 순종했다. 잔치가 끝난 그날 저녁, 구두쇠 영감님이 이렇게 말했다. "너희들이 꼰 새끼를 가지고 오너라. 그리고 거기에다 너희가 끼울 수 있을 만큼 엽전을 가득 끼워 가지고 가서 독립하여 자유롭게 살아라." 머리를 써서 굵게 꼰 사람들은 엽전을 끼울 수 없었다. 지적인 사람보다 순종의 사람을 원하는 시대다. 순종은 상대방을 존중히 여기는 마음 없이 할 수 없기 때문이다.

The Art of Living
바보정신

1980년대에 미국에서 있었던 일이다. 미국 텍사스에 예수의 이름으로 잘 성장하던 어느 교회 앞마당에서 유전이 발견되면서 교회가 어려움에 빠졌다. 엄청난 재산 가치가 있는 그 유전을 어떻게 처분할 것인지를 정하고자 교인들의 총회가 열렸다. "유전은 누구의 것인가?" 회의 결과 유전이 발견되기까지 교회에 등록한 교인들의 공동재산이라는 결정이 내려졌다. 기존 교인들의 재산을 보전하기 위해서였다. 교인 일인당 돌아갈 유전 배당금이 줄어드는 것을 막기 위해서였다. 그 결과 교회는 문을 닫고 말았다. 문제는 교회 마당에 터져 나온 대박의 행운에 기대는 물신숭배적인 신앙생활이었다. 중세의 한 교황이 토마스 아퀴나스와 함께 화려한 금으로 치장된 성 베드로 성당을 둘러보면서 이렇게 말했다고 한다.

"토마스, 이제 우리는 '은과 금은 내게 없거니와'라는 말은 못하겠군." 이 말을 들은 토마스 아퀴나스는 이렇게 대답했다고 한다. "'은과 금은 없다'는 말뿐만 아니라 '내게 있는 이것을 네게 주노니 나사렛 예수 그리스도의 이름으로 일어나 걸어라'는 말도 못합니다."

사회가 어수선하고 물질 만능주의가 엄습해 올 때 기독교는 더 굳세고 힘차게 사회를 복음으로 선도해 가야 함에도 불구하고, 물질적 가치와 힘 앞에 본질을 내어주고 본질 아닌 비본질에 매여 길을 가는 것처럼 보인다. 기독교 복음은 항상 시대의 정신을 이끌고 사회의 등불이 되어야 하는데, 교회가 사회보다 못하다는 말을 듣고 있는 것이 현실이다. 개신교가 참으로 훌륭한 업적을 많이 남겼지만 아직도 부족한 점이 많다. 본질이 아닌 것 가지고 목숨 걸고 싸우고, 부차적인 것 가지고 아웅다웅하는 미숙한 모습이 여전히 자리 잡고 있는 것을 본다. 중세 천 년 동안 로마 카톨릭이 저지른 오류에 개혁을 외치며 목숨 걸고 대항했던 루터나 칼빈은 옳았다. 그러나 개신교는 5백 년 전의 개혁과 변화만을 믿고 계속적인 개혁과 변화에 둔감한 모습을 보이고 있다. 개혁교회란 개혁을 완성한 교회(reformed church)가 아니라 항상 개혁하는 교회(reforming church)를 의미한다. 진정한 개혁교회란 끊임없이 자기반성과 변화를 추구하는 교회다.

　김수환 추기경이 고인이 되었을 때, 전국적으로 종교에 무관심한 일반인들에게까지 폭넓게 추모 열기가 일어났다. 세상이나 예배당 안이나 모두 더 많이 갖기를 원하는 사람들로 가득 차 있을 때, 그분은 바보정신으로 살았기 때문일 것이다. 바보정신은 나눔의 정신이요 배움의 정신이라고 말하고 싶다. 필자가 영국에서 공부할 때 잊지 못할 기억이 하나 있다. 박사 학위 과정 학생으로 받아 준 지도교수님께 감사를 드리면서 이제부터는 교수님을 아버지처럼 모시겠다고 메일을 보냈다. 이러한 필자의 글을 읽어 보고 깜짝 놀라시면서 바로 메일을 주셨다. "너는 나의 학생일 뿐만 아니라 나의 스승이다. 우리 서로 바보가 되자." 교수님의 메일을 지금도 보관하고 있다. '바보', 내가 진정으로 바보라고 생각하는 사람만이 배우고자 한다. 지혜로운 인생을 살려면 '스승의 정신'이 아니라 '바보의 정신'으로 살아야 한다.

The Art of Living
최고의 청소부

　1991년 이라크의 쿠웨이트 침공으로 시작된 걸프만 전쟁의 영웅이며, 다국적군 총사령관으로 거의 인명 피해 없이 전쟁을 승리로 이끈 콜린 파월은 카리비안인으로는 처음으로 미국 대통령 후보로 거론되었을 정도로 영향력 있는 사람이었다. 최초로 흑인 국무장관이 되었고 뉴욕 빈민가 출신의 장관으로도 유명하다. 그는 17세 되던 여름방학 때 처음으로 음료수 제조공장에서 아르바이트를 했다. 신이 나서 일하러 간 첫날, 백인 아르바이트생들에게는 기계 앞에서 콜라를 담는 일이, 그에게는 걸레질이 맡겨졌다. 그도 콜라 기계 앞에 앉고 싶었다. 하지만 그는 낙심하거나 불평하지 않았다. 후일 그는 그때의 일을 이렇게 회고했다. "그때 나는 최고의 청소부가 되기로 마음먹었다. 그래서 이리 뛰고 저리 뛰고 열심히 걸레질을 했다. 어느 날 누군가가 콜라 상자를 바닥에 넘어뜨려서 거품이 마룻바닥 전체를 뒤덮어 도저히 혼자서는 그 일을 감당 할 수 없었으나 혼자 열심히 걸레질을 해서 깨끗이 치웠다." 여름방학이 끝나자 감독관이 "자네 일을 잘하는군" 하고 인정해 주었다. 그러자 콜린은 "제게 배울 수 있는 충분한 기회를 주셔서 감사합니다"라고 대답했다. 다음해 방학 때 다시 그곳에 아르바이트를 하러간 파월은 콜라 기계 앞에 앉았고, 그 다음 해에는 부감독으로 일하게 되었다.

아르바이트를 하는 공장에서 어느 날 그는 다른 인부들과 함께 도랑을 파는 일을 하게 되었다. 그때 한 사람이 삽에 몸을 기댄 채 회사가 충분한 임금을 주지 않는다며 불평하고 있었다. 그 옆에서 다른 한 사람은 묵묵히 열심히 도랑을 파고 있었다. 몇 해가 지난 후 다시 그 공장으로 아르바이트를 하러 갔을 때, 여전히 한 사람은 삽에 몸을 기댄 채 불평을 늘어놓고 있었지만 열심히 일하던 사람은 지게차를 운전하고 있었다. 또 여러 해가 흘러 그곳에 다시 갔을 때, 삽에 기댄 채 불평만 하던 사람은 원인 불명의 병으로 장애인이 되어 회사에서 쫓겨났지만 열심히 일하던 사람은 그 회사의 사장이 되어 있었다. 이 일화는 콜린 파월에게 큰 교훈이 되었다고 한다.

세상에서 가장 불행한 사람은 입만 열면 부정적인 말을 하는 사람이다. 아무리 지식과 돈이 많아도 그가 사용하는 언어가 부정적 언어로 가득 차면 결코 행복해질 수가 없다. 이처럼 우리가 어떤 언어를 사용하느냐에 따라 우리 인생의 모습이 결정된다. 인생을 바꾸려면 언어를 바꾸어야 한다는 말이 있다. 홍반식 박사는 "효과적인 판매 대인술"에서 "10, 10, 10의 원리"를 제시했다. 10분간 공들여 확보한 고객을 놓치는 데는 10초면 충분하고, 발길을 끊은 고객을 다시 돌리려면 10년이 걸린다는 의미다. 만족스런 서비스를 받은 고객들은 4명에게 그 만족감을 알리지만 서비스에 불만을 느낀 고객은 10명에게 이 사실을 전한다고 했다. 인간은 부정적인 말이나 느낌에 큰 영향을 받는다는 증거다. 내가 누군가에게 친절하고 칭찬의 말을 해 주면 그가 4명의 사람에게 나를 긍정적으로 이야기하지만, 내가 누군가에게 불친절하고 비판의 말을 하면 더 많은 사람들에게 나를 부정적으로 광고하게 만드는 것이다.

The Art of Living
설렁탕집 이야기

　설렁탕집을 운영하는 한 성도의 이야기다. 그는 항상 예수님을 대접하는 심정으로 설렁탕을 끓여서 손님들에게 제공했다. 최고급 재료를 써서 설렁탕을 만들었다. 김치도 중국에서 수입한 싼 김치를 사용하는 것이 아니라 비싼 국산 배추를 사서 직접 버무려서 깨끗하고 위생적으로 만들었다. 고춧가루도 싼 것을 쓸 수 있었지만 자기 집에서 먹는 것처럼 아주 좋은 것만 사용했다. 양파와 젓갈과 양념도 모두 최고로 사용했다. 이익은 적었지만 정직하게 장사를 했다. 하루는 그 집의 설렁탕에 문제가 생겼다. 평상시처럼 소뼈를 푹 고는데, 열두 시간을 고니까 거뭇거뭇한 국물이 섞여 나왔다. 소뼈를 고면 흰 국물이 나와야 하는데 거뭇거뭇한 국물이 나왔다. 품질이 좀 떨어지는 뼈를 끓이면 검은 국물이 나온다. 그는 항상 최고

품질의 뼈만 구해서 설렁탕을 만들기 때문에 어떻게 된 일인가 하고 뼈를 납품한 정육점에 전화를 걸어 물었다. 정육점 주인은 "아이고, 죄송합니다. 다른 집에 갈 것이 그 집으로 갔네요"라고 했다. 그 집 말고 다른 설렁탕집에서는 질 나쁜 뼈를 사용해서 판다는 이야기다. "우리 오늘 장사 못하는데 어떻게 합니까? 이건 한두 시간에 되는 음식이 아니라 열두 시간을 고아야 됩니다." 설렁탕집 주인이 이렇게 항의를 했더니, 정육점 주인의 답이 이러했다. "아이고, 죄송합니다. 오늘 하루만 커피 프림 타시지요." 이 말을 듣는 순간 그 설렁탕집 주인도 그렇게 하고 싶은 욕심이 일어났지만, 단호하게 마음먹고 그 거뭇거뭇한 설렁탕 국물을 다 버리고 그날 하루는 가게 문을 닫아 버렸다. 하루 매상이 굉장히 많은데도 불구하고 장사를 포기했다. 가게 셔터를 내려 버리고 그 앞에다 쪽지 하나를 써 붙였다. "오늘은 재료가 나빠서 장사하지 않겠습니다." 그날 식사를 하러 왔던 사람들이 그 쪽지를 보고 놀랐다. 식당 주인이 휴가를 간다거나 상을 당하여서가 아니고 재료가 나빠서 장사하지 않는다고 하였기 때문이다.

'버즈 마케팅'(buzz marketing)이라는 용어가 있다. 입에서 입으로 소문이 퍼지는 마케팅을 말한다. 손님들이 여기저기 식당에 다니면서 느낀 것을 입소문 내기 때문이다. 그 식당에 대해서도 입소문이 나기 시작했다. "오늘, 나 이상한 이유로 문 닫는 설렁탕집 봤다. 재료가 나빠서 장사 안 한다는 식당 말이야." 그 후로 그 식당에 손님이 미어터지게 모여들었다. 설렁탕 가게를 하나 하더라도 주님께 하듯 해야 한다. 무엇을 하든지, 누구에게 하든지 주님께 하듯 해야 한다. 성경에 보면 "무슨 일을 하든지 마음을 다하여 주께 하듯 하고 사람하게 하듯 하지 말라"고 했다. 누구에게 하든지 항상 예수님께 하듯이 하는 사람이 바로 그리스도인이다.

The Art of Living
소금과 인간

인류의 역사에서 소금은 중요한 역할을 했다. 선사시대에는 소금이 산출되는 장소가 교역(交易)의 중심이 되었다. 소금을 주고 다른 물건을 구할 수 있는 길이 열리면서 소금이 돈의 기능까지 했다. 고대 그리스인들은 소금을 주고 노예를 사고, 가난한 사람들은 소금을 얻기 위하여 자기 딸을 판 예도 적지 않았다고 한다. 로마나 그리스에서는 소금을 관리들의 봉급으로 지급했다. 영어의 샐러리(salary, 봉급)는 라틴어의 샐러리움(sala-rium, 소금의 지급)에서 유래했다.

소금은 깨끗하게 하는 힘, 거룩한 힘을 갖고 있다고 여겨지기도 했다. 구약성경에는 소금에 관한 기록이 많은데 〈열왕기〉에는 소금이 더러운 물을 깨끗하게 하며 죽음과 유산(流産)의 더러움을 깨끗하게 한다고 기록되어 있다. 고대 그리스에서는 소금을 신(神)과 관계있는 신성한 것으로 여기며 질병을 치료하는 데 사용했다. 산모가 아기를 낳으면 아이의 건강을 위해 몸을 소금으로 문질렀다고 한다.

   소금은 인간의 삶에 유익을 가져다 준다. 달걀을 삶을 때 삶는 물에 소금을 조금 넣으면 달걀이 터지지 않는다. 커피를 마실 때 소금을 조금 넣으면 향도 좋아지고 정력 증진에도 효과가 있다. 추운 겨울날 빨래를 할 때 헹굼 물에 소금을 넣어 헹구어 내면 밖에 널어도 얼지 않는다.

   소금의 쓰임은 이처럼 인간 삶 속에 깊숙이 스며들어 있다. 소금은 더 나가 인간의 삶에 많은 지혜를 준다. 소금은 모든 음식에 없어서는 안 될 필수 재료이다. 소금이 들어가면 음식이 썩지 않고 오래 보관된다. 소금이 음식물에 뿌려지면 소금의 형체는 사라진다. 하지만 그 맛은 여전하다. 그 형체가 사라져야 더 깊은 맛을 낸다. 소금은 죽어 없어지지만 그 맛은 한 치의 양보가 없다. 다만 형체가 사라질 뿐이다. 여행하는 사람이 여행을 할 때 그 길을 가로막는 것은 태산이 아니다. 오히려 신발 속에 들어온 조그마한 돌 하나가 여행자를 괴롭힌다. 밖에 있는 바위가 아니다. 밖에 있는 원수가 아니다. 내 안에 있는 교만이다. 우리의 교만한 마음에 소금을 쳐야 한다. 우리의 감정에 소금을 쳐야 한다. 무엇보다도 우리의 언어에 소금을 쳐야 한다. 언어는 칼보다도 무서운 무기가 될 수 있기 때문이다.

The Art of Living
구제의 정신

　미국의 전 대통령 지미 카터는 '뉴스위크'지와의 인터뷰에서 빈부 차가 커지는 현상을 "21세기의 가장 큰 도전"이라고 말했다. 이러한 현상은 자본주의하에서 이미 일어나고 있는 현상이다. 가장 부유한 국가들에서 사는 세계 인구의 5분의 1과 가장 가난한 국가들에서 사는 세계 인구의 5분의 1간의 소득 격차는 1960년 30대 1에서, 1990년 60대 1로, 1998년에는 74대 1로 증가했다. 세계에서 가장 부유한 1퍼센트의 수입이 가장 가난한 57퍼센트의 수입과 맞먹는다. 세계 인구의 5분의 1은 40세 이상 살기가 어렵다. 매년 5세 이하의 어린이 1,100만 명이 영양실조나 쉽게 예방할 수 있는 질병으로 죽는다. 이런 현상은 '지구상에서 진행되는 대량 학살'이라고 할 수 있다. 세계의 재정은 부유한 국가에서 가난한 국가로 흐르는 것이 아니라, 가난한 국가에서 부유한 국가로 흐르고 있다.

성경에 보면 이스라엘 백성은 그들의 영적 건강을 나타내는 지수를 민족 안에 있는 가난하고 힘없는 자들을 어떻게 다루고 돌보는지에 따라 평가하였다. 이스라엘은 여호와를 잊어버리고 배신하고 다른 국가의 신을 좇을 때마다, 약하고 힘없는 자들을 잊어버리고 말았다. 그러나 여호와 신앙이 충만할 때는 고아와 과부와 가난한 자를 돌보는 일에 열심이었다. 초대교회 신자들은 구제에 많은 관심을 가지고 실천하였다. 만일 구제 헌금을 낼 형편이 되지 않으면 금식을 해서 절약한 양식을 구제 헌물로 바쳤다. 헨리 체드윅(Henry Chadwick)에 의하면, 초대교회에서는 헌금의 4분의1 정도는 감독 또는 담임 교역자 생활비로 쓰고, 4분의 1은 기타 교역자들을 위하여 사용하고, 4분의 1은 교회 관리비로, 그리고 4분의 1은 구제비로 사용했다. 중요한 것은 초대교회 신자들이 구제에 대단히 열심이었다는 사실이다. 초대교회 신자들은 나눔의 실천과 공동체적 삶을 중요시했다. 그 당시 기독교가 강하게 뿌리를 내렸기 때문에 로마 황제 줄리안이 이방 종교를 부흥시키려고 애를 써도 제대로 되지 않았다. 이에 줄리안 황제가 친구에게 쓴 편지에 "갈릴리인들이 가난한 사람들을 돕는데, 자기들뿐만 아니라 우리들까지도 도와주는 것을 볼 때 참 부끄럽다"라고 할 정도로 초대 기독교인들은 구제하는 일에 열심이었다.

한 자선 사업가 할머니가 도시에서 살면서 하나님의 사랑을 베풀고 있었다. 그 도시에 부모가 없는 한 고아 소년이 신문팔이를 하고 있었는데, 눈보라가 치는 거리를 걷다가 무척 굶주려 있었다. 마침 지나가는 경찰관을 붙들고 음식을 얻어먹고 몸을 녹일 수 있는 곳을 알려 달라고 했다. 경찰관은 유명한 예수 믿는 할머니 집을 소개하면서, 그 집에 도착하여 초인종을 누르고 "누구냐"고 묻거든 "요한복음 3장 16절"이라고 대답해 보라고 했다. 그러면 "요한복음 3장 16절 할머니"가 너를 도울 것이라고 했다. 할머니 집 앞에 도착해 초인종을 누르고 "요한복음 3장 16절" 하자 문이 열렸다. 소년은 생각하기를 요한복음 3장 16절이 무엇인지 모르지만 그것은 "닫힌 문을 여는 것"이라고 생각했다. 문이 열리고 할머니는 소년의 얼어붙은 몸을 보고서 따뜻한 난롯 가에서 불을 쬐라고 했다. 몸을 다 녹인 다음에 고기 국물이 있는 좋은 식사를 제공받으면서 요한복음 3장 16절이 무엇인지 모르지만 춥고 배고픈 것을 해결해 주는구나 생각했다. 음식을 먹은 후 이층 목욕실에서 목욕을 하고 나자 할머니가 조그마한 방을 가리키면서 쉬라고 했다. 이튿 날 아침 눈부신 태양에 눈을 떴다. 할머니가 노크를 하고 들어오더니 따뜻한 코코아 한 잔을 주어서 소년은 맛있게 마셨다. 계속해서 요한복음 3장 16절이 무엇인지 모르지만 그것은 "닫힌 문을 열고, 추운 나를 따뜻하게 하고, 더러운 나를 깨끗하게 하고, 피곤한 나에게 안식을 주고, 목마른 나를 시원하게 하는 비결"이라고 생각했다. 드디어 아침 식사 시간이 되었을 때 할머니는 성경을 들고 나오더니 요한복음 3장 16절을 읽으면서 소년에게 이 내용의 뜻을 아느냐고 물었다. 소년은 "잘 모르지만 그것은 사람들에게 닫힌 문을 열어 주고, 추운 사람을 따뜻하게 하고, 더러운 사람을 깨끗하게 하고, 피곤한 사람에게 안식을 주는 것"이라고 대답했다. 할머니는 "하나님의 사랑은 이 모든 것을 하신다. 그리고 그보다 중요한 것은 예수 그리스도를 통해서 우리에게 영생을 주신다"고 설명했다.

The Art of Living
정직 시험

최근 국제투명성기구가 아시아 4개국, 한국, 인도, 방글라데시, 몽골의 중고생을 상대로 부패에 대한 인식 수준을 설문 조사 한 적이 있다. 결과는 한국 학생들의 부패에 대한 인식이 가장 낮은 것으로 나타났다. "정직하게 사는 것보다 부자로 사는 게 낫다"에서 한국 학생들이 방글라데시 학생들보다 일곱 배나 더 낮은 수치를 기록했다. 한국 청소년 가운데 6명 중 1명은 10년을 감옥에서 살아도 10억을 번다면 부패를 저지를 수 있다고 대답했다. 그리고 5명 중 1명은 문제 해결을 위해 기꺼이 뇌물을 쓸 것이라고 대답했다. 참으로 안타까운 결과이다. 부패에 대한 심각한 불감증은 정직하게 살아서는 이 세상을 성공적으로 살아갈 수 없다는 생각이 이 사회와 사람들을 지배를 하기 때문이다.

부패에 대한 불감증 외에도 부정직은 여러 가지 형태로 드러날 수 있을 것이다. 사무얼 스 마일즈는 그의『인격론』에서 정직의 중요성과 아울러 부정직의 다양한 면을 이렇게 서술했다. "부정직함은 여러 가지 다른 형태로 표출될 수 있다. 예를 들면, 침묵이나 과장, 다른 사람의 의견에 동조하는 척하는 것도 부정직이다. 거짓으로 동의하는 태도를 취하는 것, 실행할 마음도 없으면서 약속하는 것, 그리고 진실을 말해야 할 의무가 있음에도 불구하고 진실을 말하지 않는 것도 부정직한 것이다."

밴더빌트 대학에 경건한 그리스도이며 수학을 가르치는 메디슨 쎄렛교수가 있었다. 이 교수는 학생들에게 시험을 볼 때마다 항상 이런 말을 했다고 한다. "여러분, 나는 오늘 여러분들에게 두 가지 시험을 내는 것입니다. 하나는 수학 시험이고 또 하나는 '정직' 시험입니다. 여러분이 수학 시험에 통과하는 것은 여러분에게 일시적 성공을 약속합니다. 그러나 이 정직의 시험에 통과하지 못하면, 여러분의 삶에서 진정한 성공을 기대할 수가 없습니다. 여러분은 이 수학 시험에 실패하고도 훌륭하게 인생을 살아갈 수 있습니다. 그러나 만약 정직의 시험에 실패한다면 보람 있는 삶을 기대할 수 없습니다." 정직하지 못해도 성공할 수는 있지만 삶의 보람은 느낄 수 없다. 정직은 관계의 문제이고 영혼의 문제이기 때문이다.

성경은 정직은 형통의 길로 인도하는 통로라고 말할 뿐만 아니라 후손들을 위한 축복의 도구라고 "그 후손이 땅에서 강성함이여 정직자의 후대가 복이 있으리로다." 영국 격언에 정직과 행복의 관계를 이렇게 말하고 있다. "하루만 행복하려면 이발을 하라. 일주일 동안 행복 하고 싶거든 결혼을 하라. 한 달 동안 행복하려면 말을 사고, 한 해를 행복하게 지내려면 새 집을 지어라. 그러나 평생을 행복하게 지내려면 정직하여라." 정직은 행복의 비결이요 형통의 비결이다.

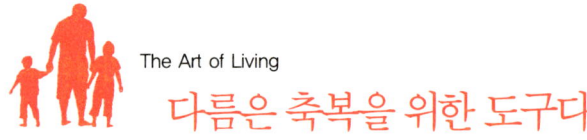

The Art of Living
다름은 축복을 위한 도구다

기독교 역사에서 귀한 두 이름이 있다. 바로 바나바와 바울이다. 바나바는 믿음과 성령이 충만했을 뿐만 아니라, 자기 재산을 다 팔아서 가난한 사람들에게 나누어 줄 만큼 자비로운 사람이었다. 얼마나 다른 사람들을 잘 격려했던지 그는 이름보다는 별명으로 불리어졌다. 바나바는 그의 별명이다. 그의 본명은 요셉이다. 바나바란 위로자, 권위자란 뜻이다. 바울은 사도 중에 사도였다. 예수님을 만나고 나서 엄청난 영적 능력을 체험한 사도다. 성경을 13권이나 쓴 사도다. 그런데 바나바와 바울이 다투었다. 그것도 심히 다투었다. 바나바와 바울이 다툰 이유는 단순한 문제였다. 1차전도 여행 중에 마가가 힘들다고 보따리를 싸 들고 집으로 가 버렸다. 바나바는 이런 마가를 2차 전도여행 때 데리고 가

자고 고집했고 바울은 안 된다고 주장했다. 바나바는 마가를 이대로 두었다가는 영원히 하나님의 사역에서 떠날지 모르기 때문에 격려가 필요하다고 생각했기 때문이다. 마가가 비록 1차 전도여행에서는 실패했지만, 격려해서 그를 2차 때 데리고 가면 앞으로 훌륭한 일꾼이 될 수 있다고 바나바는 생각했다. 그러나 바울은 인간의 일이라면 몰라도 하나님의 사역은 신중해야 하기 때문에 힘들다고 집으로 가 버린 마가를 더 이상 데리고 갈 수 없다는 입장이었다.

신학교에서 어느 교수가 이 내용을 본문으로 설교하면서 신학생들에게 질문을 해 보았다. 데려가는 것이 옳은가, 아닌가? 그랬더니 신기하게 반으로 갈라졌다. 왜 이런 결과가 나왔을까? 둘 다 옳지만 사람들의 생각이 다르기 때문이다. 어떤 사람들은 사람 중심으로 생각하고, 어떤 사람들은 사역 중심으로 생각했기 때문이다.

교회사를 보면 수많은 사람들을 교회 앞마당에서 처형을 당하는 역사가 있었다. 어떤 사람들은 물에 담겨 죽였다. 수장시켰다. 죄목은 그 당시 모든 교회들이 세례를 주었는데 침례를 고집한다는 것이었다. 세례가 무효라고 주장하니까 화가 났다. "그래, 네 놈들이 그렇게 물을 좋아하느냐? 그러면 물과 함께 한번 살아봐라." 그래서 물에 잠겨 죽였다. 자그마치 수백만 명을 죽였다. 어떤 사람들은 목을 베에서 죽였다. 죄명은 성경은 성직자들만 읽어야 하는데 평신도들이 읽을 수 있도록 자기 나라 말로 번역했다는 이유였다. 그래서 성경을 자기나라 언어로 번역한 사람들과 성경을 읽은 사람들의 목을 베었다. 어떤 사람들은 불에 태워 죽였다. 죄목은 복음성가를 교회 안에서 불렀다는 것이었다. 교회가 정해 놓은 찬송가만 불러야 하는데 찬송가 외에 다른 곡을 불렀기 때문이다. 그런데 그때 죽은 사람들이 부르다 죽은 복음성가들이 오늘날 우리가 부르는 찬송가가 되었다. 이 찬송가 때문에 수만 명의 사람들이 불에 타 죽었다. 다름을 인정하지 못하면 진정으로 얻고자 하는 것을 얻기 쉽지 않다. 사실 다름 속에 진리가 있다. 그것은 다름은 충돌의 이유가 아니라 축복의 도구이기도 하다.

The Art of Living
얼굴과 이력서

　얼굴은 마음의 거울이라는 말이 있다. 아무리 애를 써도 우리의 생각과 감정이 얼굴에 나타나기 때문이다. 어떤 생각을 하고 어떤 감정을 느끼는 가는 우리의 인격과 직결된다. 그런 의미에서 우리들의 얼굴은 인격의 표현이라고 해도 지나친 말은 아니다. 그래서 얼굴은 인격을 반영하는 마음의 거울이라고 말한다. 세계 어떤 민족보다도 얼굴의 중요성을 강조해 온 것이 한국의 문화적인 전통이라고 생각된다. "얼굴을 들 수 없습니다. 얼굴이 안섭니다. 면목이 없습니다. 뵐 낯이 없습니다. 제 얼굴을 보아서 한 번만 부탁드립니다." 세계에서 한국 사람들처럼 얼굴 성형수술을 많이 하는 사람도 없을 것이다.

　링컨은 종종 이런 말을 했다고 한다. "나의 얼굴에 있는 많은 굴

곡은 나의 고난과 시련을 말해 주는 것이고, 내 얼굴에 나타난 해학적인 요소들은 고난을 극복한 내 지혜의 결과이다." 그리고 우리가 잘 아는 유명한 말을 남겼다. "사람이 사십이 넘으면 자기 얼굴에 대해서 책임을 져야 한다." 사십 이후의 얼굴은 자기 인생의 성품의 이력서, 인격의 이력서, 신앙의 이력서, 가정의 이력서이기도 하다.

우리의 신앙도 '얼굴의 모습'과 많이 관련되어 있다. 성경에 보면, 전도하다가 잡혀온 스데반의 얼굴에 대해서 사람들이 이렇게 말한다. "그 얼굴이 천사의 얼굴과 같더라." 이 말씀을 묵상하다가 문득 우리의 신앙이 우리의 얼굴과 관련이 있다는 것을 깨닫고 상당히 많은 도전을 받았다. 스데반은 그에게 맡겨진 사명을 감당하다가 공회 앞에 끌려갔다. 고난을 당하고 모욕을 당했지만, 주께서 자기에게 맡겨 주신 책임을 다했다는 사실 때문에 그의 얼굴에는 평화와 만족의 표정이 나타나지 않았을까 하는 생각이 든다.

레오나르도 다빈치는 이런 말을 했다. "잘 보낸 하루가 편안한 잠을 주듯, 잘 보낸 일생은 편안한 죽음을 가져다준다." 스데반은 악에게 자기를 내어주지 않은 성령과 지혜가 충만한 사람이었다. 사람들은 자기의 생각을 지배하고 있는 어떤 대상을 닮는다. 인간에게는 자신이 생각하는 사람을 닮는 묘한 심리적 특성이 있다. 심리학자들은 이러한 특성을 '적대자와의 동일시 현상'이라고 말한다. '저 놈은 죽일 놈이지'라고 계속 어떤 사람을 미워하고 주야로 그 사람만 생각하면, 나는 곧 그 사람과 비슷하게 되어 버린다. 시어머니에게 학대 받은 며느리가 "내가 시어머니가 되면, 나는 절대로 우리 시어미처럼 하지 않겠다"고 다짐한다. 그런데 시어머니가 되면 옛날 자기의 시어머니가 하던 데로 똑같이 행동하게 된다.

스데반은 말할 수 없는 모독을 경험했다. 많은 사람들이 스데반을 시기하고 모략했다. 그러나 스데반은 자기를 미워하는 그들을 바라보지 않았다. 스데반은 그 순간에 주님을 바라보고 있었다. 그의 귀는 주님의 음성을 듣고 있었고, 그의 얼굴은 거룩하신 주님을 바라보고 있었다. 우리의 얼굴도 언젠가는 추억될 것이다. 우리의 사랑하는 자녀들이 우리의 얼굴을 추억할 때마다 "우리 아버지의 얼굴은 천사의 얼굴이었다. 우리 어머니의 얼굴은 천사의 얼굴이었다"라고 말하면 얼마나 좋을까?

The Art of Living
언어

하나님께서 우리 인간에게 주신 축복가운데 하나를 꼽으라면 단연 언어를 꼽을 수 있다. 인간의 역사는 언어의 역사라고 해도 지나친 말은 아닐 것이다. 인간의 삶도 언어로부터 시작하고 인간의 죽음도 언어로 끝난다. 인간의 사랑도 언어로부터 시작하고 싸움도 언어로부터 시작한다. 언어의 힘은 돈보다 강하고 칼보다 강하다. 인간의 대부분의 문제는 바로 언어의 문제와 직결되는 것을 알 수 있다.

언어가 사람을 행복하게도 하고 불행하게도 하는 것을 우리는 성경을 통해 볼 수 있다. 최초의 인간인 아담과 하와에게 다가온 유혹도 언어의 유혹이었다. 첫째 아담은 뱀의 유혹을 받았다. 뱀은 언어로 유혹했다. 아담과 하와는 뱀의 언어를 따라 선악과를 따먹었다. 사탄의 언어에 따라 말했고 사탄의 언어를 따라 행동했다. 그 결과는 비극이었다. 그러나 마지막 아담이신 예수님은 광야에서 사탄의 유혹을 받았을 때 창조적인 반응을 보였다. 예수님은 사탄의 언어를 받았지만 하나님의 언어인 말씀으로 반응하셨다. 사탄의 유혹을 물리쳤다.

하나님이 바벨탑을 쌓은 인류를 흩으신 것도 언어의 사건이다. 그들이 하나가 되어 자신들을 높이고 하나님을 영화롭게 하지 않자, 언어를 혼잡케 하셔서 그들을 온 땅에 흩으셨다. 성령님이 이 땅에 오셔서 제일 먼저 하신 일도 언어를 하나로 다시 묶는 일이었다. 바벨탑 사건 이후 나뉜 언어가 다시 하나가 된 사건이 오순절 사건이다. 언어가 서로 통하게 한 사건이 오순절이다.

인간이 누리는 축복도 언어에서 비롯되고, 비극도 언어에서 비롯된다. 인간의 행복과 불행도 언어에서 비롯된다. 모든 기적의 배후에도 언어가 있고 모든 변화와 축복의 배후에도 언어가 있다. 하나님께서 야곱을 변화시키고 축복하시는 방법을 우리는 성경을 통해서 알 수 있다. 하나님은 야곱을 변하게 하여 축복 하실 때 그의 이름을 바꾸셨다. 창세기에 보면, "그 사람이 그에게 이르되 네 이름이 무엇이냐 그가 가로되 야곱이니이다 그 사람이 가로되 네 이름을 다시는 야곱이라 부를 것이 아니요 이스라엘이라 부를 것이니"라고 말씀한다.

　야곱의 이름은 사기꾼이라는 뜻이다. 사기꾼으로 살던 야곱을 변하게 하시려고 하나님은 그의 이름을 '이스라엘'로 바꾸어 주셨다. 이스라엘은 '하나님의 왕자'라는 뜻이다. '하나님이 통치하신다'는 뜻이다. 야곱의 이름이 이스라엘로 변한 후에 그의 언어가 변화면서 그의 이미지가 변하기 시작했다. 그리고 그의 인생이 변했다. 하나님은 야곱이 사람들로부터 '사기꾼'으로 불러지는 것을 금하고 '하나님의 왕자'로 부르도록 했다. 하나님이 야곱을 축복하시는 방법은 바로 그에게 긍정의 언어가 선포되도록 하셨다.

　인생을 훌륭하게 사는 사람들의 배후에는 훌륭한 언어가 있다. 인생을 불행하게 산 사람들의 배후에는 부정적 언어가 있다. 감옥에 있는 사람들을 대상으로 사역하고 있는 빌 글래스라는 사람이 있다. 그는 감옥에 들어가 있는 사람들 가운데 부모로부터 "너는 꼭 감옥에나 들어가 살겠다"는 말을 듣고 자란 사람들이 상당수라고 했다.

　성경에 보면 "저희가 다 그를 증거하고 그 입으로 나오는바 은혜로운 말을 기이히 여겨"라는 내용이 있다. 왜 사람들에게서 '은혜로운 말'을 기이히 여기는 현상이 나타나는가? 사람들의 입술은 비방하고, 비판하는 부정적인 언어로 가득 차 있다. 그렇기 때문에 비방하고 남을 욕하는 말을 들을 때 놀라지 않는다. 그러나 남을 세워주고, 남을 용납하고, 칭찬하는 말을 들을 때 놀란다. 오히려 기이히 여긴다.

독일이 동. 서로 나뉘었을 때 이야기다. 베를린이 분단되어 동독은 공산 치하에 서독은 자유 진영이 되었을 때의 일이다. 어느 날 동베를린 사람들이 한 트럭의 쓰레기 더미를 서 베를린 진영에 쏟아 부었다. 서베를린 사람들은 쓰레기를 주워 모아 트럭에 실어 다시 동쪽으로 내버릴까 하고 생각했다. 그러나 그들은 그런 식으로 일을 처리하지 않기로 했다. 오히려 덤프트럭 한 대에 통조림과 쉽게 부패하지 않을 식량을 채워 동독으로 가서 그것을 산뜻하게 쌓은 후 그 옆에 표지판을 하나 세웠다. "사람은 각자 자기 속에 있는 것을 준다." 쓰레기를 소유한 사람은 쓰레기를 주고 음식을 소유한 사람은 음식을 준다. 뽕잎을 누에가 먹으면 비단이 나온다. 그러나 독사가 먹으면 독이 나온다. 언어도 마찬가지다. 인간은 언어를 먹고산다. 그러나 그 언어가 누구의 마음을 거치느냐에 따라 비단이 되기도 하고, 독이 되기도 한다.

chapter 4
행복지수 높이기

The Art of Living
행복지수

2008년 영국 신경제재단과 레스터 대학이 발표한 한국인의 행복지수는 178개국 가운데 102위였다. 2007년 세계가치관조사에서도 조사 대상 37개국의 평균 점수에 크게 못 미친 28위였다. 국가의 발전에 비해 행복도가 낮은 것도 문제지만, 더 큰 문제는 대부분의 한국인이 행복의 기준을 돈으로 여긴다는 결과다. 행복을 좌우하는 가장 중요한 요소로 돈을 꼽은 것은 세계적 추세에 역행하는 현상이다. 한국인에게서 정신적 가치는 후퇴하고 있다는 증거이기도 하다.

성숙하지 못한 사회는 모든 가치 판단의 기준을 돈으로 삼는다. 종교는 사회의 원동력이다. 특별히 정신적 원동력이다. 사회의 정신적 원동력이 종교라면 성숙하지 못한 사회에 대한 교회의 책임이 크다. 한국의 기독교 인구는 천주교와 개신교를 합쳐 30%다. 세계에서 제일 무서운 민족은 유대인이라고 한다. 왜 그런가? 유대인은 삶과 정신과 종교가 분리되지 않는 탁월한 민족이기 때문이다. 유대인에 관한 유명한 이야기가 있다. 한번은 그들이 기근을 당하였다. 먹을 것이 없어서 다 죽게 되었다. 그런데 굶어 죽어가는 아들을 가슴에 품고 있는 여인이 약간의 양식을 가지고 있었다. 바로 옆에는 랍비가 있었다. 우리 같으면 남은 양식을 누구에게 주겠는가? 품에 안고 있는 아들에게 주었을 것이다. 그런데 유대인들은 그럴 때 아들이 아니라 랍비를 먹여 살려야 한다고 가르친다. 유대 정신의 계승자가 랍비이기 때문이다. 이것이 유대인의 정신이요 교육이다. 그들이 랍비를 먼저 살려야 한다는 가르침 속에는 물질적 가치보다 정신적 가치를 더 중요시 여기는 사상이 자리하고 있다.

싱가포르는 인구가 2백만 명밖에 되지 않는 작은 도시국가이다. 싱가포르는 이상한 정책을 편다. 영토가 아주 좁은 나라이기 때문에 산아제한을 한다. 그런데 인재를 얼마나 귀하게 여기는지 대학 졸업자인 부부가 2명 이상 아이를 낳으면 보조금을 준다. 하지만 부부가 고등학교를 나왔으면 아이를 2명밖에 낳지 못한다. 더 낳으면 엄청나게 세금을 물린다. 그래서 아이 낳고 세금 물다가 인생이 끝나 버린다. 그 다음에 중학교, 초등학교까지만 마친 부부는 아이를 1명밖에 낳지 못한다. 물론 이상한 나라다. 많은 인권 단체에서 "그런 제도는 바뀌어야 한다"고 싱가포르를 비난한다. 학벌에 따라 자녀 출산을 제한하는 것은 잘못된 것이다. 그러나 우리가 싱가포르로부터 배워야 할 것은 이것이다. 인재를 소중히 여기는 것이다. 싱가포르 총리가 한 말이다. "2010년까지 매년 2천 명 이상의 새로운 인재가 투입되지 않는다면 싱가포르는 지금의 영화를 계속 유지할 수 없을 것이다. 그래서 2010년까지 매년 박사 학위를 소지한 우수한 인재들을 2천 명씩 싱가포르에 받아들이겠다." 싱가포르는 우수한 인재가 있으면 즉석에서 시민권을 주고 시민으로 받아들인다.

사람을 가장 소중히 여기는 곳에 진정한 행복이 있다. 엄밀한 의미에서 선진국은 돈이 많아서 선진국이 아니다. 사람을 귀하게 여길 줄 아는 국가가 선진국이다. 그러나 후진국일수록 사람을 귀하게 여기지 않는다. 대표적인 예가 캄보디아다. 캄보디아에서 크메르 루즈가 정권을 잡고 난 다음, 인구의 3분의 1을 죽였다. 그 당시 일화를 보면 안경 낀 사람은 인텔리라고 해서 무조건 다 죽였다고 한다. 그래서 이 캄보디아를 킬링필드, 즉 '죽음의 땅'이라고 했다. 그렇게 인재를 다 죽이고 나니 결국 지금 와서 아무리 부홍을 하려고 해도 부흥을 못한다. 번창하는 민족과 공동체는 돈과 힘보다도 사람을 소중히 여기는 공통점을 가지고 있다. 개인과 가정과 국가의 진정한 행복과 발전은 돈과 힘에서 나오는 것이라기보다는 사람과 생명을 소중히 여기는 데서 온다.

참된 종교는 사람과 생명을 물질보다 더 소중히 여긴다. 그러나 거짓된 종교는 사람과 생명보다 물질을 더 소중히 여긴다. 중세시대 때 매 주일마다 예수님의 이름을 부르며 성만찬을 했다. 그러나 실은 예수의 이름은 단지 구호에 불과했다. 예수의 생명이 약화되어 가고 있었다. 교회는 거대한 성당과 수많은 사람을 거느리고 있었다. 그때 베드로 성당이 지어졌다. 짓는 데만도 140년이 걸렸다. 베드로 성당을 짓기 위해 면죄부를 팔기 시작했다. 면죄부 티켓을 사면 예수를 믿지 않고 죽었을지라도 연옥으로 들어갈 수 있다는 유혹을 하며 티켓을 팔았다. 예수의 생명을 돈과 바꾸어 버렸다. 사회의 정신적 원동력인 교회가 물질적 가치의 유혹을 떨쳐 버리는 게 힘들어 사람과 생명의 가치를 소중히 여기는 것을 약화시킨다면, 그것은 결국 사람들의 행복지수를 낮추는 데 동참하는 것이다.

The Art of Living
유머지수

　손오공과 사오정이 대학을 졸업하고 대기업에 취업을 하기 위해 면접을 보러 갔다. 손오공이 먼저 들어가서 면접을 보았다. "자네 축구 선수 중에 누구를 좋아하는가?" "예전에는 차범근이었는데 지금은 박지성입니다." "산업혁명은 언제 일어났는가?" "19세기라고 생각합니다." "하나님은 살아 계신다고 믿는가?" "과학적으로는 증명이 되지 않았지만 그렇다고 믿습니다." 손오공은 면접관들이 흐뭇해하는 모습을 보면서 면접실을 나왔다. 나와서 보니 사오정이 면접에 대한 두려움으로 벌벌 떨고 있었다. 그래서 손오공이 사오정에게 답을 가르쳐 주었다. 사오정은 자신감을 가지고 면접실로 들어갔다. 면접관이 사오정을 향해 물었다. "자네 이름이 무엇인가?" "예전에는 차범근이었는데 지금은 박지성입니다." "언제부터 그렇게 되었는가?" "19세기라고 생각합니다." "자네 바보 아닌가?" "과학적으로는 증명이 되지 않았지만 그렇다고 믿습니다."

유대인에게는 나라 없는 서러움과 숱한 고난 속에서도 승리할 수 있는 비결이 있었다. 유머다. 유대인은 고난이 오면 올수록 그 고난 속에서 역으로 유머를 발전시켰다. 유대인들은 말한다. "유머의 꽃은 슬픈 시대에 핀다." 그들의 이러한 신념과 삶의 철학이 그들을 지켰던 것이다. 유대인이 배출한 가장 유명한 심리학자는 "유머는 자신의 몸을 지키는 기술 없는 자의 마지막 무기다"라고 했다. 유머는 우리 자신을 지키는 무기요, 우리 가족을 지키는 무기요, 우리 공동체를 지키는 무기다. 크리스쳔 슈바르츠는 『사랑의 3가지 색깔』에서 교회 성장과 웃음지수가 비례한다고 지적했다. 성장하는 교회는 성장하지 못하는 교회보다 웃음이 더 많다고 하였다.

웃음의 중요성은 의학적으로도 증명된 지 오래다. 『100세까지 살기』라는 책의 저자들은 100세인들이 훌륭한 유머 감각을 가지고 있다는 것을 제시한다. 장수하는 사람들은 유머 감각이 뛰어나다는 것이다. 수많은 의학 연구는 고도로 건강한 사람에게는 유머라는 필수 요소가 있다는 것을 여러 방식으로 증명해 보였다. 메릴랜드 대학 연구원들은 수백 명의 환자를 대상으로 '웃는 능력'을 조사했다. 유머지수가 낮은 사람일수록 심장병에 취약했다. 실제로 그들이 일상생활에서 일어나는 '실수, 혼란, 자극'에 웃을 가능성은 심장병이 없는 사람보다 40%나 적었다. 웃음이 보약이라는 말이 있다. 웃어넘기는 법을 배우는 지혜와 여유가 필요하다. 실수할 때 화가 나는가? 무언가를 실수로 떨어뜨렸을 때 화가 나거나 자신을 원망하는가? 이때 웃어넘기는 법을 배워야 한다. 실수를 나 자신을 비하시키는 자료로 삼지 말고 내 유머지수를 높일 수 있는 기회로 삼아야 한다.

행복한 가정을 꿈꾸는 사람은 집에 들어갈 때 웃어야 한다. 복된 교회가 되기를 바란다면 교회에 들어설 때 미소 지어야 한다. 모든 사람에게 미소를 지어 보라. 마음이 열리고 기쁨이 넘친다. 윌리엄 제임스의 말처럼 "우리는 행복하기 때문에 웃는 것이 아니라 웃기 때문에 행복한 것이다."

The Art of Living
유대인과 안식일

　유대인은 안식일을 소중히 여기며 거룩하게 지키는 삶이 문화화되어 있다. 역사가들은 유대인과 안식일의 관계를 이렇게 평가했다. "유대인은 목숨을 걸고 안식일을 지켰다. 그러나 훗날 안식일이 유대인을 지켜 주었다." 무슨 말인가? 유대인이 안식일을 지킨 줄 알았는데 안식일이 그들을 지켜 준 것이다. 유대인은 안식일을 거룩히 지켰다. 사랑했다. 그들이 사랑했던 것이 그들을 지켜 준 것이다.

　우리가 아름답고 가치 있는 것을 끝까지 지키는 것은 쉽지 않다. 많은 어려움이 따르고 수많은 제약이 따른다. 그러나 가치 있고 아름다운 것들을 사랑하면 훗날 그것들이 우리를 지켜 준다. 어떤 철학을 가지고 살아간다는 것, 어떤 신념을 가지고 살아간다는 것, 신앙을 가지고 살아간다는 것, 결코 쉬운 것이 아니다. 힘든 일이다. 그러나 힘들지만 그것들이 우리를 지켜 주는 때가 있다.

가치 있는 삶을 위해 지혜가 필요하다. 크게 자라나는 나무는 붙어 있지 않다. 여백을 두고 있다. 나무는 여백이 넓을수록 높게 자란다. 여백과 공간이 이처럼 중요하다. 우리는 여백이 없이 삶을 살아가는 경우가 있다. 노자는 "항아리를 쓸모 있게 하는 것은 도공이 빚는 흙이 아니라 항아리 안의 빈 공간이다"라고 했다. 공간이 없는 항아리는 항아리가 아니라 진흙 덩어리에 불과하다. 악기를 보자. 속이 가득 차 있다고 소리를 내는 것이 아니다. 악기는 비어 있는 공간이 있기에 소리를 낸다. 악기의 소리는 공간의 미덕이 빚어내는 것이다. 사람도 마찬가지다. 불필요한 것들을 비워야 아름다운 소리가 난다.

The Art of Living
고통의 창조성

　인간의 성공과 인간이 겪는 상실과 고통이 어떤 관계가 있는가를 조사한 피에르 렌취니스 박사는 아주 흥미로운 내용을 발견하였다. 정치가, 종교지도자, 철학자, 과학자, 작가, 예술가 가운데 '창조적 소수'가 다른 사람들보다 좌절과 상실을 훨씬 더 많이 겪었다는 사실이다. 한 인간이 정상적으로 성장하기 위해서는 아버지와 어머니의 조화로운 도움이 필요하다. 하지만 세계사에서 결정적인 영향력을 발휘했던 사람들중에는 바로 이런 점이 결여되어 있는 사람들이 많았다. 어떤 이들은 유년기나 청소년기에 아버지를 잃었고, 어떤 이들은 어머니를, 어떤 이들은 양친을 모두 잃었다. 혹은 부모의 이혼으로 아버지나 어머니와 떨어져 지낸 이들도 있었다. 알렉산더 대왕, 루이 14세, 조지 워싱턴, 나폴레옹, 빅토리아 여왕, 히틀러, 레닌, 스탈린뿐 아니라 현대에 와서 빌 클린턴, 오바마 등이 대표적인 예이다. 이 뿐만이 아니다. 위대한 종교지도자들 역시 고아였음을 알 수 있다. 불교의 부처도 고아였고, 마호메트는 한 살도 되기 전에 부모를 여읜 고아였다. 공자는 한 살 때 아버지를 잃었고, 루소는 태어난 지 얼마 안 되어, 데카르트는 한 살 때, 파스칼은 세 살 때 각기 어머니를 잃었다. 모세도 바구니에 담겨 나일 강에 버려졌던 사람이다. 요셉도 어린 나이에 형제들에 의해 애굽의 노예로 팔려 갔던 사람이다. 이러한 상실과 고통이 오히려 그들에게 창조적으로 작용한 것이다. 상실이나 고통 그 자체는 창조적인 것이 아니지만 고통 없이는 창조적인 사람이 되기 어렵다는 증거이기도 하다.

 사람을 자라게 하는 것이 고통은 아니지만, 고통 없이는 사람이 성장할 수 없다. 모든 상실과 고통은 창조성을 캐내기 위한 특별한 기회라 할 수 있다. "좋은 날씨가 좋은 날씨인 줄 알려면 그 전에 나쁜 날씨를 경험해야 한다." 좋은 날씨를 좋은 날씨로 더 실감할 수 있을 때는 그 전에 나쁜 날씨가 오랫 동안 계속되고 난 다음이다. 이 세상을 행복하게 살고 아름답게 사는 사람들의 특징이 있다. 불행하게 사는 사람들은 나쁜 날씨를 보고 불평을 쏟아낸다. 하지만 행복하게 사는 사람은 나쁜 날씨를 오히려 축복이라고 생각한다. 나쁜 날씨는 좋은 날씨가 축복이라는 것을 깨닫게 하는 교사요 스승이기 때문이다.

공자가 자신의 사위를 고를 때의 이야기다. 당시에도 사위 고르기가 그리 쉽지 않았던 것 같다. 여기저기 찾다가 마침내 한 사람을 찾았다. 공자가 선택한 사람은 살인죄로 옥중에서 복역하고 있는 '공야장'이라는 사람이었다. 그러자 제자들이 물었다. "아니 어쩌자고 살인죄를 범한 그런 사람을 선택하셨습니까?" 그때 공자가 이렇게 대답했다고 한다. "그 젊은이는 자신이 사람을 죽이지 않았는데도 아무 변명 없이 감옥살이를 받아들이고 있다. 시간이 지나가면 자신의 결백이 밝혀질 것을 믿는 사람이다. 나는 시간을 기다릴 줄 아는 그의 태도가 마음에 들어 사위로 삼기로 했다." 공자는 그런 사람이라면 자기 딸을 잘 돌보아 줄 것이라고 판단했던 것이다. 그렇다. 어두움 후에 빛이 온다는 사실을 망각하지 않는 사람이 지혜로운 사람이다.

하루 중 가장 어두운 때는 새벽 동트기 전이다. 신비롭게도 인생의 성공이 찾아오기 바로 직전이 가장 어둡다. 인간학 연구자들에 의하면 90퍼센트의 사람들은 성공의 마루터기에서 걸리고 만다고 한다. 10퍼센트의 사람들만이 힘든 마루터기를 넘어서게 된다. 인생에서 성공한 사람은 고난과 실패를 경험하지 않은 사람들이 아니다. 고난과 실패를 딛고서 일어선 사람들이다. 고통과의 싸움에서 승리한 사람들이다.

The Art of Living
제3의 탄생

　우리의 생명은 어머니의 몸속에서 태어난다. 이것은 제1의 탄생이다. 신체적 탄생을 우리는 생일로 축하한다. 우리는 청년이 되면 제2의 탄생을 맞이한다. 왕성한 지적 호기심이 생기고, 모든 문제에 대해서 '왜'라는 질문 의식을 가지고 많은 물음을 던진다. 성숙해지는 증거다. 그러나 깊은 인생, 진지한 인생을 살려면 제3의 탄생을 맞이해야 한다. 이것이 사명적 자아의 탄생이다. 자기의 사명을 발견하고 사명을 자각하는 것처럼 중요한 일은 없다. 나의 생명이 나의 사명을 만날 때 나의 생명은 감격하고 깊어지고 활력이 넘치는 것이다.

　인간의 힘은 어디서 생기는가? 사명감에서 생긴다. 인간은 무엇인가를 위해서 살고 무엇인가를 위해서 죽는다. 그 무엇이 없을 때 우리는 허무주의에 빠진다. 나의 생명이 나의 사명을 만나는 것처럼 중요한 것은 없다. 그러나 누가 나에게 사명을 부여하였는가를 자각하는 것이 필요하다. 사명감의 깊은 차원에서 생각하면 하나님이요 진리이다. 나의 사명이 하나님으로부터 왔다고 확신할 때 나의 사명감은 강하고 깊어진다. 인간이 자기의 사명을 자각할 때 그의 생활에서 열정이 솟구치고, 그의 의식 세계는 깊어지고, 그의 인격에서는 덕이 발산된다. 사명처럼 우리를 부지런하게 만들고, 성실하게 만들고, 경건하게 만들고, 진지하게 만드는 것이 없다. 칼 힐티는 "인간 생애의 최고의 날은 자기 인생의 사명을 자각하는 날이다. 하나님이 나를 이 목적에 쓰겠다고 작정한 그 목적을 깨닫는 것이다"라고 했다. 인간이 자기의 인생을 바칠 목표와 사명을 자각할 때에는 어떤 계기가 필요하다. 어떤 인물과의 만남, 어떤 책과의 만남, 어떤 사건의 경험 등이 우리에게 사명을 자각하는 계기를 부여한다. 갈릴리 호반에서 고기를 잡던 베드로는 어느 날 그리스도를 만남으로 새 사람이 되어 위대한 사명의 길을 걸었다. 사람은 자기의 사명을 만날 때 높고 깊은 차원으로 비약한다.

The Art of Living
마시멜로 이야기

　호아킴 데 포사다와 엘렌 싱어가 쓴 『마시멜로 이야기』가 베스트셀러가 되었던 적이 있다. 이 책은 자신의 욕망을 절제할 줄 아는 사람이 그렇지 못한 사람보다 성공할 확률이 훨씬 높다고 이야기한다. 스탠포드 대학에서 600명의 어린이를 대상으로 '만족 유예'에 관한 실험을 해 보았다. 실험 방법은 어린이들에게 마시멜로를 하나 주고 15분 동안 먹지 않고 기다리면 또 하나의 마시멜로를 주겠다고 한 후, 그들이 어떻게 하는지 지켜 보는 것이었다. 어떤 아이들은 눈앞에 있는 맛있는 마시멜로를 먹지 않고 15분을 기다렸다. 15분을 기다리면 또 하나의 마시멜로를 받을 수 있기 때문이었다. 그런데 어떤 아이들은 15분을 참지 못하고 마시멜로를 먹어 버렸다. 그랬기 때문에 또 하나의 마시멜로를 받지 못했다. 이 실험은 여기서 그치지 않았다. 놀라운 사실은, 이 실험을 한 후

10년 뒤에 실험에 참가했던 어린이 600명의 소재를 추적해서 그 성장 과정을 살펴본 것이다. 600명의 어린이 가운데 연구원들이 찾아낸 어린이는 200명가량 되었는데, 그들 가운데 15분을 참았던 아이들이 그렇지 못했던 아이들보다 학업 성적이 뛰어났고, 친구들과의 관계도 훨씬 원만하고, 스트레스도 효과적으로 관리하고 있다는 사실이 밝혀졌다. 겨우 15분이었지만 눈앞의 마시멜로에 만족한 아이보다 한순간의 유혹을 참고 기다렸던 아이들이 성공적으로 성장하고 있었다는 사실이 밝혀진 것이다.

중국 속담에 "만약 당신이 분노하려는 순간 그 분노를 참고 인내한다면, 당신은 슬픔에 빠져 100일 동안 지낼 뻔한 상황에서 벗어난 것이다"라는 말이 있다. 인내는 고통을 감수하는 능력이며 고통을 견디는 의지이다. 인내는 단순히 수동적인 받아들임을 의미하지 않는다. 어떤 목적을 이루기 위해 적극적으로 감수하고 견디는 것이다. 인내는 고통을 먼저 선택하고 즐거움을 나중에 누리는 것이다. 인내란 더 큰 보람과 더 큰 상을 위해 고통을 먼저 선택하는 것이다.

인내는 건강의 비결이기도 하다. 우리의 입속의 침 하나도 인내하며 다룰 때 복이 된다고 한다. 동의보감에 보면 침 뱉는 습관을 버리라고 쓰여 있다. 하루 종일 침을 뱉지 않고 인내하며 입에 물고 있다가 다시 삼키면 정기가 보존되고 얼굴과 눈에는 광채가 돈다는 것이다. 밥을 한참 씹다 보면 처음엔 별맛 없던 것이 씹을수록 단맛이 느껴지는데, 이는 침 속에 들어 있는 프티알린 소화 효소가 맹맹한 맛의 전분질을 달착지근한 맥아당으로 분해시키기 때문이다. 침에는 발암 물질, 식품 첨가물의 독성을 제거하는 효과도 있다고 한다. 요즘 같이 식품이 많이 오염된 세상에서는 침이 잘 나오게 하고 침을 잘 삼키는 것이 중요하다고 한다.

"세계는 인내하는 자의 것이다"란 말이 있다. 현재의 고통을 참고 견디는 자에게 미래의 영광이 있다. 성경도 하나님의 축복은 인내하는 자의 것이라고 말씀한다. "참는[인내하는] 자는 복이 있나니 이는 시련을 견디어 낸 자가 주께서 자기를 사랑하는 자들에게 약속하신 생명의 면류관을 얻을 것이기 때문이라."

The Art of Living
인간에게는 두 주머니가 있다

　어느 시골에 의좋은 형제가 있었다. 동생의 집은 가난한데다 식구는 일곱이나 되었다. 하지만 늘 웃음이 떠나지 않고 행복한 반면에 형님 집은 늘 싸우는 소리가 멈추지 않았다. 형님 집은 부자이고 식구도 셋뿐인데도 날마다 싸우는 소리가 끊이지 않았다. 어느 날 형이 동생을 찾아와서 그 비결을 물었다. 동생이 형에게 말하기를, "형님네 집에는 똑똑한 사람만 있고, 우리 집에는 모두 바보들만 살기 때문입니다"라고 했다. 형이 그 말뜻을 이해할 리가 없었다. 그러자 동생이 다시 한 번 말했다. "우리 집에서는 무슨 일이 생기면 모두가 내 잘못이라고 하는 바람에 싸울 일이 없는데, 형님 집에서는 일이 생기면 서로 네 잘못이라고 책임을 떠넘기기 때문에 싸울 수밖에 없는 것입니다."

인간에게는 주머니가 두 개 있다. 하나는 의식이라는 주머니이고, 다른 하나는 무의식이라는 주머니이다. 우리는 잊어버리고 싶은 것은 무의식이라는 주머니 속에 집어넣고, 기억하고 싶은 것이나 잊어버리지 않고 싶은 것은 의식의 주머니 속에 넣는다. 이것은 창조주의 아름다운 섭리이다. 그러나 우리 안에 죄가 들어오고 은혜가 사라지면 거꾸로 된다. 기억해야 할 것은 기억하지 않고 기억하지 말아야 할 것은 기억하는 현상이 나타난다. 나에게 잘한 것은 생각나지 않고 나를 섭섭하게 한 것만 생각난다. 그리스도인이 된다는 것은 의식의 주머니를 정상적으로 회복하는 것을 의미하지 않을까?

성공하는 사람들에게는 중요한 특징이 있다. 바로 장점 발견자들이라는 것이다. 사람들은 성공하기 위해 자신의 약점과 싸워야 한다고 생각한다. 하지만 그런 생각은 두 가지 이유에서 의미가 없다. 첫째는 강점을 방치하면 평균적인 사람이 되고 만다. 둘째는 약점에만 몰두하다 보면 심한 좌절감을 느끼게 되는 것이 사람이다. 사람은 강점에 초점을 맞출수록 발전하게 되고, 약점에 초점을 맞출수록 절망하기 쉽다. 성공적인 인생을 사는 사람일수록 자기가 잘못한 것보다는 잘하는 것에 더 많은 시간을 보낸다고 한다. 미국에서 존경받는 인물 중에 한 사람인 맥스웰은 자신의 강점에 70% 초점을 맞추고, 새로운 일들에 25%의 초점을 맞추며, 자신의 약점에는 5% 정도만 초점을 맞추라고 제안한다. 인간관계에서나 자녀들을 키울 때도 똑같은 원리가 적용될 수 있다. 상대방의 잘한 점, 강점을 75% 정도 이야기해 주고, 25%정도는 하나님이 도와주셔서 놀라운 일들이 당신에게 있을 거라고 축복해 주고, 약점은 5% 이상이 넘지 않도록 조언하는 것이 필요하다.

The Art of Living
삶을 아름답게 하는 것

　네델란드 자유대학의 한스 로크마커 교수가 쓴『예술은 변명을 요하지 않는다』(*Art Needs No Justification*)라는 책에 1800년대 일본의 대표적 화가였던 후쿠사이에 대한 일화가 소개되어 있다. 어느 날 친한 친구가 후쿠사이를 찾아와 수탉 그림을 그려 달라고 부탁한다. 수탉을 그려 본 적이 없는 후쿠사이는 친구에게 일주일 후에 오라고 말한다. 일주일 후에 친구가 찾아오자 후쿠사이는 이번에는 이 주 후에 보자고 한다. 이 주 후엔 두 달, 두 달 후에는 6개월, 이런 식으로 약속을 미루다가 어느덧 3년이란 세월이 흘러가 버리고 말았다. 3년째가 되는 날에도 후쿠사이는 또 약속을 미루려했다. 친구는 더 이상 참지 못하고 후쿠사이에게 버럭 화를 내고 말았다. 그 모습을 본 후쿠사이는 말없이 종이와 물감을 가지고 오더니, 그 즉석에서 순식간에 수탉을 그려 주는 것이었다. 완성된 그림이 얼마나 완벽한지 마치 살아 있는 수탉을 보는 것 같았다. 그 그림은 친구를 기쁘게 만들기보다는 도리어 그의 화를 더욱 돋우고 말았다. 친구는 후쿠사이에게 이처럼 순식간에 그릴 수 있는 그림을 왜 3년씩이나 기다리게 했느냐며 따지고 들었다. 그러자 후쿠사이는 말없이 친구를 자신의 화실로 데리고 들어갔다. 크나큰 화실의 사방 벽 앞에는 3년 동안 후쿠사이가 습작한 수탉의 그림이 산더미처럼 쌓여 있었다. 후쿠사이가 마치 살아 있는 것 같은 수탉을 그릴 수 있었던 것은 저절로 된 일이 아니었다. 그것은 3년간 밤낮에 걸친 훈련의 결과였다. 그래서 로크마커 교수는 "예술은 변명을 요하지 않는다"는 유명한 말을 하였다. 참으로 삶의 중요한 법칙을 일깨우는 이야기가 아닐 수 없다. 성실함, 훈련, 기다림, 약속, 대화, 바로 이런 것들이 모여 인생을 바르게 하고 아름답게 하는 것이다.

조지 휫필드는 그의 인생의 마지막에 이런 고백을 했다고 한다. "내가 녹이 슬어서 없어지기보다는 닳아서 없어지는 사람이 되기 원한다." 우리의 삶이 녹이 슬도록 해서는 안 된다. 윤이 나도록 살아야 복된 인생이다. 벼를 심은 다음에는 88번 이상 손이 간다고 한다. 그래서 "미"(米)라는 한문의 모양을 보면 "팔"이 두 번 들어 있다. 농사에서 심을 때가 있고, 가꿀 때가 있고, 기다릴 때가 있고, 거둘 때가 있다. 가장 어려울 때는 기다릴 때다. 열심히 심고 가꾸었는데도 비가 오지 않으면 소용이 없다. 하늘의 도움이 있어야 한다.

The Art of Living
21세기에 가장 중요한 가치는 무엇인가?

얼마 전 미국의 한 설문조사 기관에서 직장인들을 대상으로 "21세기에 가장 중요한 가치는 무엇이라고 생각하는가"를 물었다. 이 조사에서 가장 높은 지지를 받은 것은 행복한 가정이었다. 그 다음은 건강과 즐거운 인생, 경제적인 풍요와 사회적인 성공 순이었다. 하지만 불과 10년 전만 해도 그렇지 않았다. 90년대에 실시된 설문조사에서는 미래 사회 최고의 가치로 경제적인 안정이 1위, 사회적인 성공이 2위를 차지했다. 갈수록 가정의 가치가 중요하게 여겨지고 있다. 하지만 다른 시각에서 조명해 보면 현대인의 가정이 그만큼 위기에 놓여 있다는 증거이기도 할 것이다.

한 사회심리학자가 가정생활에 성공한 사람이 사회생활에 실패할 수 있는지와 사회생활에 성공한 사람이 과연 가정생활에서 실패할 수 있는지를 연구한 적이 있다. 결과는 둘 다 불가능한 것으로 나타났다. 어느 누구도 가정에서 실패한 후 사회에서 성공을 거둔 사람이 없었고, 사회에서 성공한 사람치고 가정을 소홀히 하는 사람이 없었다. 사실 가정에서 하숙생 같은 생활을 해도 사회에서 성공하고 돈만 벌어다 주면 그것으로 가장으로서의 권위가 서고 인정되는 시대가 있었다. 그것을 또한 성공으로 생각하는 사람도 있을 수 있다. 하지만 인생의 성공이 무엇인지 결산할 때가 오면 돈과 세상의 권위는 별 의미가 없다.

미국 콜롬비아 바이블 칼리지의 학장이었던 맥퀼퀸의 이야기다. 그는 그의 아내 무리엘이 치매에 걸리자 그동안 맡아 온 학장직을 미련 없이 포기하고 아내 곁으로 돌아가면서 다음과 같은 고백을 했다. "나의 사랑하는 아내 무리엘은 지난 8년 동안 건강이 점점 약해져 왔다. 그러나 최근에 나는 무리엘이 내가 그녀와 함께있어 주는 것을 아주 만족스럽게 생각하며, 이제는 내가 그녀를 잠시라도 떠나 있으면 몹시 불안해한다는 사실을 알게 되었다. 심할 때는 불안해하는 정도가 아니라 나를 잃었다는 공포감에 사로잡히기도 하고, 나를 찾아 집 밖으로 나올 때도 있다는 것을 알게 되었다. 그래서 나는 이제 학장직을 사임하고 아내의 곁으로 돌아간다. 이것은 내가 42년 전에 결혼 서약을 하면서 '병들 때나 건강할 때나… 죽음이 우리를 갈라놓을 때까지' 무리엘을 돌볼 것을 서약했을 때 이미 약속한 것이기에 별로 이상한 일도 아니다. 그동안은 아내가 나를 40년이 넘도록 돌보아 왔지만 이제는 내가 그 사랑의 빚을 갚기 위해 무리엘을 돌보는 것이다. 물론 의무감이 아니라 아내에 대한 사랑과 기쁨으로 돌아가는 것이다."

너무도 귀하고 아름다운 이야기다. 가정은 의무를 느끼는 곳이 아니라 사랑과 기쁨을 나누는 곳이다. 사회에서 불리는 과장, 부장이라는 호칭보다 더 좋은 말이 '가장'인 이유가 여기에 있다. 행복한 가정은 가장의 권위를 세워주는 가정이다. 하지만 가장이 논리나 효율성보다는 사랑을 우선순위에 둘 때 행복의 향기가 더 진하지 않을까?

The Art of Living
소크라테스의 지혜

　우리가 잘 아는 소크라테스는 지혜로운 자는 검소한 삶을 살아야 한다고 믿었고, 그래서 신발을 신는 것조차 거부했다. 하지만 그는 시장에 나가서 멋지고 다양한 물건을 둘러보기를 좋아했다. 하루는 한 친구가 왜 시장의 유혹을 이기지 못하고 거길 자꾸 가느냐며 나무랐다. 소크라테스는 이렇게 대답했다. "시장에 가서 내가 그 물건들 없이도 이토록 완전하게 행복하다는 사실을 발견하는 일이 즐거울 뿐이네." 물질의 소유 그 자체가 나쁜 것은 아니다. 다만 소크라테스의 말대로 우리가 소유하는 물질이 우리를 소유한다는 사실을 기억해야 한다. 소유가 커질수록 그 소유가 우리를 더욱 지배하기 때문이다.
　철학자 디오게네스가 길에 앉아 저녁으로 빵과 팥죽을 먹고 있었다. 지나가던 아리스티푸스가 이런 그를 보았다. 그는 왕에게 아첨하여 호의호식하는 사람이었다. 아리스티푸스가 말했다. "왕에게 아첨하는 법을 배우게. 그러면 고작 팥죽을 먹을 필요는 없을 테니." 그때 디오게네스는 이렇게 대꾸했다. "팥죽에 만족하는 법을 배우시게나. 그러면 왕과 친하게 지낼 필요가 없을 테니."

'작고 가난한 자'(poverello)라는 별명을 가진 프란시스는 물질의 소유를 '악'으로 생각하지 않았다. 그는 신이 창조하신 모든 것을 남김 없이 사랑했고, 그중 어느 것도 거절하려 하지 않았다. 프란시스가 그의 제자들에게 가난한 삶을 가르친 이유는 그런 삶이야말로 자기중심적인 필요에서 그들을 자유롭게 하리라고 믿었기 때문이다. 그는 이렇게 고백했다. "소유가 없이 살면 사람들의 어떤 행동에도 분노할 필요가 없어진다." 프란시스는 '가난'을 아내로 삼고자 했는데, 그 이유는 소유를 내려놓을 때에야 비로소 우리 자신의 의지, 즉 스스로 '신'이 되고자 하는 의지를 내려놓을 수 있다고 생각했기 때문이다. 사는 날 동안 우리가 기도해야 할 것은 우리가 가진 것이 우리를 소유하지 않도록 구하는 것이다. 그것이 물질이든 지식이든 명예이든 말이다.

The Art of Living
그릇의 본질은 수용성이다

일본 사람들이 가장 존경하는 사람은 19세기 중반 이후의 인물인 사카모토 료마라고 한다. 1853년 미국의 페리 제독이 군함 4척을 이끌고 와 대포를 쏘며 일본에 개항을 요구했을 때까지만 해도 사카모토 료마는 칼의 힘을 믿어 왔던 사람이었다. 그러나 일본도(칼)로는 도저히 대포를 당해낼 수 없다는 현실을 깨달은 그는 이제 칼의 시대가 끝나고 대포의 시대가 와야 한다는 것을 인정했다. 그는 33년의 짧은 인생 가운데 네 번의 큰 변신을 감행했다. 그는 해양 강국 일본을 건설하기 위해 해운상사인 해원대를 설립했고, 메이지 유신의 귀중한 기틀을 세우는 일들을 감당했다. 그의 삼촌과 고모가 예수 믿는 사람들이었다고 한다. 기록에 나와 있지는 않지만 그의 변화에 대한 열린 정신과 수용성은 기독교의 영향 때문이었을 것이다.

　예수님이 이 세상에 계실 때 가장 꾸짖으셨던 그룹이 있다. 바로 바리새파다. 바리새파에게는 수용성이 부족했다. 자기 자신이 변화되어야 할 필요성이 있다는 것을 전혀 인정하지 않았다. 예수님은 그들을 악한 자들이라고 말씀하셨다. 반면 자신이 죄인이며 변화되어야 할 존재라는 것을 인정했던 세리가 있었다. 그는 변화시켜 달라고 엎드렸다. 성경은 인간을 가리켜 '그릇'이라고 표현할 때가 많다. 하나님을 토기장이로, 인간을 그릇으로 비유한 예가 있다. 그릇의 본질은 수용성이다. 그릇은 직접 어떤 활동을 할 수 있는 것이 아니다. 그릇은 무엇을 담아내느냐에 따라 그 용도가 달라진다.

　바다가 위대한 것은 모든 것을 포용한다는 데 있다. 바다는 깨끗한 물만 받아들이는 것이 아니고, 더러운 물도 받아들인다. 경상도 물도, 전라도 물도, 충청도 물도 다 받아들인다. 수용성은 단지 받아들임의 문제만은 아니다. 바다가 밀물과 썰물을 통해 자기를 정화하는 것처럼 진정한 수용성이란 내보냄과 비움을 수반한다. 비움이 없으면 채울 수 없기 때문이다. 바다에게 밀물과 썰물은 축복이다. 밀물과 썰물의 공존은 바다를 생기 있게 하고 푸르게 한다. 결국 인간에게 수용성은 자기 성장과 자기 확장의 문제다.

The Art of Living

링컨과 하버드

아브라함 링컨의 전기를 읽으면 그에게는 별명도 많고 에피소드도 많다는 것을 알 수 있다. 그 중에는 '정직한 에이브'라는 별명이 있다. 그는 십대 시절에 가게 점원으로 일을 하면서 매우 정직했다고 한다. 하루는 어떤 손님이 와서 돈을 지불하고 갔는데 나중에 계산해 본 결과 10센트를 거슬러 주지 않았다는 것을 알게 되었다. 그는 그 10센트 때문에 밤새도록 고민하며 괴로워하다가 휴일인 다음날, 가게로부터 3마일 떨어진 손님 집을 찾아가 10센트를 돌려주었다고 한다. 주변 사람들은 그의 정직한 모습에 많은 칭찬을 했지만 그는 기뻐하기보다는 이렇게 말했다고 한다. "내가 칭찬을 받아야 하는지 모르겠습니다. 당연한 일 아닙니까? 그가 받아야 할 것을 돌려주었는데 칭찬을 받다니요. 저는 어느 날 당연히 해야 할 것 때문에 칭찬받는 사람이 아니라, 당연히 해야 할 것 이상을 해서 칭찬받는 사람이 될 것입니다. 그것을 위해 기도해 주십시오. 당연히 해야 할 일 말고 당연히 해야 할 그 이상의 일, 그것 때문에 축복을 받는 사람이 될 수 있도록 기도해 주십시오."

그의 꿈처럼 아브라함 링컨은 변호사가 되고 나서 제일 먼저 자기 마을에서 가난하여 돈 때문에 소송을 못하고 있는 사람들을 찾아가 무료 변론을 해 주었다고 한다. 그는 그날 이렇게 썼다고 한다. "나는 오늘 십대 시절에 하나님께 약속했던 것을 처음으로 해 볼 수가 있었다. 당연히 해야 할 그 이상의 일을 했고, 지금은 마음이 참 기쁘다." 링컨은 정상적인 학교 교육을 받지 못했지만, 그에게 가장 영향력 있는 교과서는 어머니가 가르쳐 준 성경이었다고 한다. 성경은 그에게 정직과 꿈을 심어 주었던 것이다.

새로운 땅에서 새로운 꿈을 펼치기 위해 아메리칸 드림을 가지고 존이라는 젊은 청교도 목사가 1637년에 미국 땅에 정착하였다. 하지만 불과 일 년도 못 된 1638년, 그는 폐결핵 진단을 받게 된다. 당시 결핵은 심각한 병이었기 때문에 그는 자신이 죽어간다는 사실을 깨달았다. 임종 직전에 자신의 재산을 헤아려 보았지만 얼마 되지 않았다. 다만 책을 좋아해서 약 300권 정도의 장서를 가지고 있었다. 그 책들을 어떻게 할까 기도하다가 그가 살던 도시에 새로 설립된 뉴타운 칼리지에 그의 유일한 재산인 책 300권을 기증하기로 결심했다. 그렇게 기증하면서 한 장의 기증서를 첨부했다. 그것은 일종의 유언이라고 할 수도 있고, 신앙 고백서라고 할 수 있는 기도문 같은 것이었다. "나는 이 땅에 꿈을 가지고 왔습니다. 좀 더 신학을 공부하고 싶었고, 법률과 과학도 공부하고 싶었습니다. 훌륭한 신학자, 훌륭한 법학자, 훌륭한 과학자가 되는 것이 나의 꿈이었습니다. 그러나 주께서 나를 부르신 것 같습니다. 내가 이 땅에서 이루지 못한 꿈을 후학들을 통해서 이루기를 기대합니다. 내가 이 대학에 제공하는 책들을 통해 훌륭한 신학자, 훌륭한 법학자, 훌륭한 과학자들이 길러져서 이 땅을 풍성하게 하고, 인류에 이바지하는 위대한 거인들이 나타나게 될 것을 기대합니다."

이 헌정서를 받은 학교 이사들은 깊은 감동을 받고, 젊은 목사 존을 기념하기 위하여 그의 성을 따서 학교 이름을 바꾸기로 결정했다. 그래서 이 학교는 뉴타운 칼리지에서 하버드로 불리게 되었다. 그의 꿈은 이 대학을 통해서 열매 맺게 되었다. 오늘의 하버드 대학이 있기까지는 꿈의 사람, 기도의 사람 존 하버드가 있었다. 하버드처럼 미래를 내다보는 안목과 꿈을 가지는 것만큼 사람에게 소중한 것은 없다. 미국을 이끌어 가는 수많은 지성인과 대통령을 배출해 낸 미국 최고의 대학은 바로 꿈의 사람 한 명에 의해 시작되었다.

The Art of Living
세 마디밖에 하지 않았습니다

    한 유대인 어머니 이야기다. 가진 것도 없고 배운 것도 없었지만 자식들을 훌륭하게 키운 어머니였다. 이 어머니에게 어느 날 사람들이 물었다. "어떻게 아이들을 이렇게 훌륭하게 키우셨습니까?" 이 어머니는 자녀들에게 세 마디밖에 한 것이 없다고 했다. 첫째는 감사하는 자가 되라. 큰일에든 작은 일에든 감사하는 자가 되라. 둘째는 원망 불평하는 사람과 놀지 마라. 원망 불평도 들으면 자꾸 옮기게 되고 끼리끼리 다니면 전염이 된다. 셋째는 감사하는 사람과 놀아라. 감사도 전염이 된다. 참으로 지혜롭고 뜻 깊은 어머니임에 틀림없다.

    우찌무라 간조는 사람의 불행과 저주는 병이나 가난이 아니라 세 가지라고 했다. 먼저는 예수님을 믿지 못하는 것이요, 다음은 성경을 보고도, 하나님의 말씀인 설교를 들으면서도 하나님의 음성을 듣지 못하는 것이요, 그리고 감사하지 못하는 것이라고 했다. 파피니 또한 세 가지만 있으면 누구도 원망할 자격이 없다고 했다. 한 끼의 양식이 있으면 감사해라. 오늘도 건강하면 감사해라. 건강한 사람은 불평할 권리가 없다. 소망이 있으면 더 더욱 하나님께 감사하라. 인생은 무엇을 보느냐, 어떻게 보느냐에 따라 결정된다. 내게 없는 것을 보고 불평하는 사람이 아니라 내게 있는 것을 가지고 감사할 줄 아는 사람이 행복한 사람이다. 인간학자들에 의하면 인간의 행복과 불행, 성공과 실패는 10%의 사실과 90%의 반응(자세)에 의해 결정된다고 한다. 자세가 이처럼 중요하다. 우리의 약점을 가지고 불평하면 불행하게 되지만, 감사하는 사람은 약점도 축복으로 만든다.

The Art of Living
자식을 사랑한다면 여행을 시켜라

맹모의 삼천지교를 모르는 사람은 없을 것이다. 맹모는 서양의 어머니로 불리는 어거스틴의 모친 모니카에 비견하여 동양의 어머니로 불린다. 일반적으로 맹모가 사랑하는 아들을 위해 세 번 이사를 한 이유는 아들을 나쁜 환경 속에서 키우고 싶지 않았기 때문이라고 이해되어 왔다. 하지만 새로운 해석이 나오고 있다. 생각 없이 자식을 데리고 공동묘지 옆으로, 시장 곁으로 이사 가서 살았을 리가 없다는 것이다. 맹자의 어머니가 이런 장소들을 택해서 살았던 것은 자식에게 꼭 필요한 장소였기 때문이라는 것이다. 처음 공동묘지 옆을 택했던 것은 사랑하는 아들에게 죽음의 세계를 인식시켜 주기 위함이었다. 죽음의 세계를 알지 못하는 자는 참다운 세계를 열어갈 수가 없기 때문이다. 두 번째로 시장터 옆 동네를 택했던 것은 시장에서 일어나는 치열한 생존 법칙과 삶의 의미를 깨우치기 위함이었다. 마지막으로 맹자를 학교 옆으로 데리고 갔던 것은 배움의 중요성을 일깨우기 위함이었다. 맹모는 죽음과 생존의 세계에 대한 눈뜸이 없는 배움은 죽은 교육일 수밖에 없다고 생각했기 때문이다.

『제3의 물결』의 저자 앨빈 토플러가 밤 11시가 넘도록 공부하는 한국학생들을 보면서 매우 안타까워했다고 한다. 진정한 배움의 의미를 말하고 싶었기 때문일 것이다. 삶과 자연 세계에 대한 다양한 경험이 결여된 교육은 폭넓은 시야를 키우는 것을 더디게 하기 때문이었을 것이다. 예수 그리스도의 삶과 정신은 예루살렘 한 가운데서만 나온 것이 아니다. 갈릴리 바다와 산과 들, 그리고 요단 강과 광야와 같은 하나님의 자연 세계와 더불어 심화되었다. "자식을 사랑한다면 혼자 여행을 시켜라"는 말은 진리 중의 진리이다.

The Art of Living
아름다운 여인 버시

우리가 여행을 하다 보면 여러 형태의 산들을 보게 된다. 높은 산이 있는가 하면 낮은 산도 있고, 나무가 많은 산이 있는가 하면 돌산도 있다. 수량이 풍부한 계곡을 가진 산이 있는가 하면 그렇지 못한 산도 있다. 산을 바라보고 있으면 우리 인생과 비슷하다는 생각이 든다. 세상의 자원을 많이 소유한 사람이 있는가 하면 이 세상의 자원을 적게 소유한 사람이 있다. 세상에서 드러난 인생이 있는가 하면 세상이 도무지 알아주지 않는 인생도 있다. 그러나 그러한 모든 것은 하나님의 선하신 목적을 따라 각각 다르게 부여된 것일 뿐이다. 구별은 인간의 판단일 뿐이다. 우리에게는 작아 보이는 일이 하나님께는 큰일일 수 있고 우리의 눈에는 하찮아 보이는 사람이 하나님께는 중요한 사람일 수 있다.

기도의 사람 이 엠 바운즈는 그리스도인의 사명을 설명하면서 재미있는 비유를 들었다. 하나님이 세 천사에게 사명을 주셔서 이 땅에 보내셨다. 한 천사는 황금으로 만든 홀을 들고 제국을 다스리는 왕이 되게 했다. 다른 천사는 커다란 주판을 들고 큰 기업을 경영하는 사장이 되게 하셨다. 그리고 마지막 천사에게는 빈민촌에서 똥을 푸는 일을 맡기셨다. 바운즈는 이런 질문을 한다. "세 천사들의 사명감에 차이가 있을까요?"

성경에 보면 많이 수고하며 바울을 도왔지만 드러나지 않은 인물이 있다. 버시다. 버시는 로마서에 등장하는 인물로 대다수 그리스도인에게 생소하다. 그의 이름은 성경에서 단 한 번 등장한다. 그의 행적 역시 가려져 있다. 성경은 버시가 여성인지 남성인지 조차 밝히고 있지 않다. 성경 전후 문맥과 문법을 보아야 버시가 여성임을 알 수 있다. 버시는 이름이라기보다는 족속 또는 민족을 가리키는 명사다. 그녀는 민족의 이름을 자신의 이름으로 대신할 만큼 낮은 신분의 여인이었던 것으로 추측된다. 버시는 성경에 단 한 번 등장하지만 결코 작은 여인이 아니다.

성경은 아름답고 귀한 여인으로 보고하고 있다. "주 안에서 많이 수고하고 사랑하는 버시." 감격적인 지칭이다. 세상에는 풍파 많은 세월 때문에 거칠고 황폐한 성품을 가진 사람이 있는가 하면,

오히려 더 아름답게 다듬어진 성품을 가진 사람도 있다. 버시는 후자임에 틀림없다.

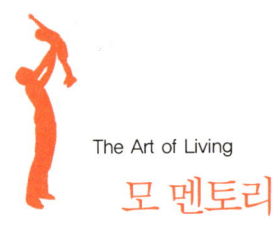

The Art of Living
모 멘토리

옛날 로마의 어떤 황제는 자기의 신하들이 자기를 찾아와 알현하고 인사를 할 때마다 이런 인사를 하도록 했다고 한다. "모 멘토리" - 죽음을 기억하십시오. 바른 삶의 자세와 지혜를 일깨우는 인사법임에 틀림없다. 생의 마지막을 매일 상기하며 살아간다면 매 순간의 삶이 더 없이 아름답고 풍요로울 것이다. 나에게 주어진 일에 성실하고, 나에게 주어진 사람에게 진실하게 될 것이다.

우리는 믿음의 사람 노아와 그의 세 아들의 이야기를 잘 안다. 노아가 한번은 술에 취했다. 얼마나 기분이 좋았던지 옷을 다 벗어 버리고 그만 나체로 잠을 자고 있었다. 그 모습을 세 아들이 발견했다. 맨 처음 노아의 아들 함이 그 모습을 보고 밖에 나가서 떠들어 댔다. 하지만 다른 두 아들 셈과 야벳은 아버지의 하체를 보지 않기 위해서 뒷걸음질하여 들어갔다. 그리고 아버지의 허물을 덮어 주었다. 이 이야기 직후에 이런 내용이 나온다. "하나님은 셈의 하나님이 될 것이다." 아버지의 허물을 감싸지 않고 떠들어 댄 함은 저주를 받아 그 형제들의 종이 되었으나 아버지의 허물을 덮어 준 셈과 야벳에게는 창대케 되는 복이 임했다. 허물을 덮어 주는 말 한마디, 행동 하나가 축복의 열쇠가 된 것이다. 말 한마디, 행동 하나하나가 우리 삶에서 얼마나 중요한지를 일깨워 준다.

심리학적으로 내가 상대방의 허물과 잘못을 알고도 상대방을 덮어 주려고 할 때 상대방은 진실을 고백하게 된다고 한다. 하지만 "너 이런 일을 했지?"라고 하면서 상대방의 모든 것을 폭로하기 시작하면 상대방은 모멸감과 죄책감을 느끼게 되고, 진실을 고백하기보다는 이유와 변명을 생각하게 된다. 결국 허물과 잘못을 인정하기보다는 가식과 중상만 하게 된다. 이것이 인간의 심리이다.

서로의 허물을 덮어 주고 용서하며 살아가는 법을 배워야 한다. "이 세상에서 가장 사랑하기 어려운 사람은 가장 가까이 있는 사람"이란 말이 있다. 우리는 가장 사랑해야 할 대상을 가장 미워할 때가 많다. 인류 역사에서 큰 불행의 시작은 가장 가까이에 있는 사람들의 가치를 인정하지 않으려고 하는 데서부터 시작했다. 가인이 자기 동생 아벨을 시기하여 미워하고 죽인 사건이 있었다. 가인은 가장 사랑해야 할 동생 아벨을 미워하고 죽였다. 성경은 나의 눈에 보이는 형제를 사랑치 않고 보이지 않는 하나님을 사랑한다고 하는 사람은 거짓말하는 사람이라고 했다. 친구가 되고 부부가 된 것은 서로를 변화시키기 위해서가 아니다. 오히려 서로를 이해하고 돕고 사랑하기 위해서 만난 것이다. 우리는 너무도 쉽게 만남의 본질을 망각하며 살아간다. 나와 다르고 이해가 안 되는 것은 틀렸다고 생각한다. 우리가 사람들을 이해하지 못하는 것은 지식이 부족해서가 아니라 사랑이 부족해서다. 이 세상에 완벽한 사람은 없다. 어딘가 부족한 것이 인간이다. 그래서 우리에게 만남이란 선물을 주신 것이다.

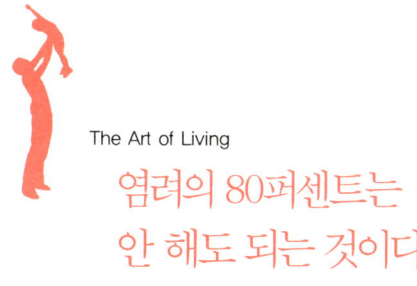

The Art of Living

염려의 80퍼센트는 안 해도 되는 것이다

　인간 문제에 대한 여러 서적들을 읽어 보면 인간의 심리 문제 중 염려의 문제를 많이 다루고 있는 것을 볼 수 있다. 데일 카네기는 『근심이여 안녕』이라는 책을 썼다. 그가 그 책을 쓴 이유는 수많은 사람의 문제가 염려의 문제라는 것을 발견했기 때문이다. 염려의 원인을 분석하고, 염려를 극복하고 정복할 수 있는 길을 모색하다가 책을 쓰게 되었다. 그의 연구에 의하면 탁월한 인물들은 대부분 한때 염려의 문제 때문에 심한 고통을 받았다고 한다. 하지만 염려의 문제를 극복한 다음부터 활기찬 인생을 살게 되었다고 증언하고 있다. 이처럼 염려의 문제는 우리 삶에서 누구나 겪는 마음의 문제지만 큰일을 성취한 사람들의 특징은 염려에 매이는 삶이 아니라 염려를 극복한 삶이었음을 알 수 있다.

현대인의 가장 큰 적은 염려라는 보고가 있다. 많은 현대인이 염려라는 심리적 질병을 가지고 살아간다. 현대에 가장 많이 팔리는 약 중 하나가 안정제이다. 안정제를 먹는 이유는 대부분 염려 때문이다. 염려는 인간을 무척이나 괴롭히는 심리적인 문제이다. 사실 인간은 염려로 자신을 괴롭힐 때가 너무나 많다. 인격 상담의 아버지인 폴 투르니에는 "아무도 사람을 죽이지 않는다. 스스로가 자신을 죽일 뿐이다"라고 말했다. 질병보다 더 무서운 것은 질병에 대한 염려이다. 사람들은 질병으로 죽는 것보다 질병에 대한 염려 때문에 죽는 확률이 더 높다. 심장 질환은 미국에서 가장 많은 목숨을 앗아가는 사망 원인으로 꼽히고 있다. 2차 세계 대전 기간 동안 30만 명이 넘는 미국인이 전쟁터에서 목숨을 잃었다. 하지만 같은 기간 동안에 심장 질환으로 사망한 미국인은 무려 200만 명에 달했다. 그 가운데 100만 명은 근심과 염려에 찌든 생활 때문에 심장 질환에 걸린 사람들이었다고 한다. 알렉시스 칼렐 박사는 "근심과 맞서 싸우는 방법을 알지 못하는 사람은 일찍 죽는다"고 했다.

어니 제린스키는 "걱정의 40퍼센트는 절대 현실로 나타나지 않는다. 걱정의 30퍼센트는 이미 일어난 일에 대한 것이다. 걱정의 4퍼센트는 우리 힘으로는 어쩔 도리가 없는 일에 대한 것이다. 걱정의 4퍼센트는 우리가 바꾸어 놓을 수 있는 일에 대한 것이다." 우리가 하는 걱정이나 염려의 80퍼센트는 안 해도 되는 염려이다. 인생을 살면서 갖게 되는 가장 큰 후회는 너무나 많은 시간을 쓸데없는 염려로 시간을 보냈다는 후회라고 한다. 염려를 피할 수 없는 것이 인생살이이지만 염려하며 살기에는 인생이 너무나 짧다. 많은 사람에게 영적 감동을 준 존 번연은 "가장 낮은 데 있는 사람은 더 이상 낮아질 염려가 없다"고 했다. 이것이 염려를 극복하는 지혜이다. 낮아진 사람, 겸손한 사람은 염려가 그를 사로잡지 않는다. 염려는 결국 높아지려는 마음 때문에 생기는 것이다. 염려를 극복하는 길은 낮아지는 것이다. 낮아지는 연습을 할 때 극복할 수 있다.

    결국 신앙인이 된다는 것은 염려의 그릇을 좁혀 가는 사람들이라고 할 수 있다. 신앙은 염려와 반비례한다. 믿음의 그릇이 커지면 염려의 그릇은 작아지고, 염려의 그릇이 커지면 신앙의 그릇이 작아진다. 조지 뮬러는 "염려의 시작은 신앙의 끝이다. 그러나 신앙의 시작은 염려의 끝이다"라고 했다.

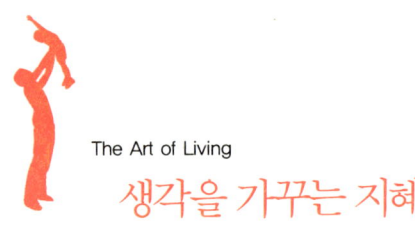

The Art of Living
생각을 가꾸는 지혜

IBM은 세계적으로 유명한 두뇌 기업 중의 하나이다. IBM의 창설자인 토마스 왓슨이라는 사람은 회사를 창업할 때에 사무실의 모든 벽마다 "생각하라"(think)라는 단어를 부착해 놓았다. 그리고 회사가 위기를 맞이할 때마다 그는 종종 "여러분, 우리의 문제는 우리가 좀 더 깊이, 더 분명하게 생각하지 않았기 때문입니다"라고 말했다고 한다. 반대로 회사의 번영기 때에는 "우리는 지금 우리의 생각의 대가를 받고 있는 것입니다"라고 말했다고 한다. 파스칼은 "인간은 생각하도록 창조되었다. 인간의 존엄성과 가치는 생각하는 데 있다. 그리고 인간의 임무는 생각해야 할 때 생각하는 것이다"라고 하였다.

우리 인생에서 생각이 얼마나 중요한가를 알 수 있다. 두 사람이 감옥에 들어갔다. 한 사람은 창문 밖으로 하늘을 보았다. 다른 한 사람은 창문 밖으로 진흙탕을 보았다. 하늘을 본 사람은 하늘의 별과 달을 보았고, 태양을 보며 시를 쓰기 시작했다. 삶의 질은 생각의 질과 직결되어 있다. 제임스 알렌은 "현재 당신의 모습은 당신의 과거 생각의 결과이며, 미래의 당신의 모습은 당신의 생각의 결과이다"라고 하였다. 길을 달리는 마차를 보자. 마차보다 말이 앞에 있다. 마차는 말이 이끄는 데로 따라간다. 마차보다 더 중요한 것은 말이다. 생각과 환경, 생각과 감정, 생각과 성품, 생각과 태도, 생각과 행복, 생각과 부요의 관계를 생각해 보자. 생각은 우리의 환경과 감정, 성품과 태도, 행복과 부요라는 마차를 이끄는 말과 같다. 우리의 삶과 관련된 요소들과 소원하는 모든 것 앞에 생각이 있다.

    사람의 마음은 정원에 비할 수 있다. 우리의 생각을 가꾸는 것은 정원을 가꾸는 것과 같다. 정원은 가꾸지 않으면 엉망이 되어 버린다. 우리의 생각도 정원을 가꾸듯이 가꾸어야 한다. 모든 것이 우리의 생각에서 나온다. 열등의식, 좌절감, 불안, 두려움, 모두 생각에서 나온다. 몽테뉴는 "사람은 어떤 일이 벌어지는가에 따라서는 별로 상처를 입지 않는다. 정작 상처를 입히는 것은 그 일에 대한 자신의 생각이다"라고 하였다.

평균대에서 체조 선수들이 회전을 하면서도 넘어지지 않고 중심을 잡는 것은 한 곳에 중심을 두고 집중하기 때문이다. 우리의 생각도 중심을 어디에 두느냐가 중요하다. 사단이 우리를 무너뜨릴 때 가장 많이 사용하는 것이 부정적인 생각이다. 무엇보다도 우리의 생각을 긍정에 두고 부정적인 생각을 물리쳐야 한다.

The Art of Living
나비와 고치

　영국의 식물학자 알프레드 러셀 월리스는 고치에서 빠져나오려고 안간힘을 쓰는 나비를 관찰하고 있었다. 고치에서 빠져나온다는 것은 나비에게 있어서 생사가 걸린 문제였다. 월리스는 고통스러워하는 나비의 몸짓을 보는 순간, '내가 이 나비를 도우면 어떨까?' 하는 생각이 들었다. 그는 예리한 칼로 고치의 옆 부분을 살짝 그어 나비를 도와주었다. 나비가 쉽게 빠져나와 아름다운 몸짓을 할 수 있으리라 생각했기 때문이었다. 그러나 예상 밖의 결과가 빚어지고 말았다. 나비는 고치에서 빠져나오자마자 죽고 말았다. 죽은 나비를 보며 월리스는 나비가 스스로 빠져나오도록 그대로 둘 걸 하는 후회를 했지만 이미 되돌릴 수 없었다. 나비는 거친 고치를 뚫는 고통을 견뎌 내지 못했기 때문에 살아날 수 없었다. 나비는 고치를 헤치고 나오면서 이 세상을 살아갈 수 있는 힘을 얻기 때문이다.

아름다운 나비의 현란한 색상과 무늬나 꽃잎에 날아 앉는 자태는 감탄을 자아내게 한다. 하지만 나비가 그렇게 아름다운 색상과 무늬를 지니기까지, 그리고 우아하게 날 수 있기까지 긴 고난의 시간이 필요하다. 누에가 1,200-1,500m에 달하는 가늘고 튼튼한 실로 단단한 고치를 만들고 그것을 뚫고 나오는 데 15일이 걸린다. 단단한 고치를 뚫고 나와 나비가 되기까지 누에는 고통의 과정을 거친다. 누에는 이 고난의 시간을 통과한 후에 비로소 나비가 되는 영광을 누리게 된다.

생명이 있는 모든 존재에게는 고난이 따르기 마련이다. 산을 가로질러 나 있는 터널은 어둡지만 터널을 지나면 더 밝음을 경험할 수 있듯이, 비가 온 후에 맑은 날에 더 감사할 수 있듯이, 고난을 극복하고 나면 더 큰 성숙이 오는 법이다. 한 고대 중국 철학자가 이런 말을 했다. "사람이 고난을 당하면 소인일수록 현재를 생각하고 대인일수록 장래를 생각한다." 무디 신학교 학장이었던 죠지 스위팅은 "사람의 신앙의 깊이는 그가 위기에 접했을 때 비로소 드러날 수 있다"고 했다. 고난의 의미와 가치를 바로 이해하지 못한다면 우리는 고난당할 때 좌절하고 억울해 할 수 밖에 없다. 인간은 고난이 오면 고난 그 자체에 빠져들기 쉽다. 하지만 고난이 올수록 고난 너머에 있는 생의 궁극적 목표를 생각하고 그것을 극복하면 성숙한 모습으로 거듭날 수 있다. 누에에게 15일의 고통은 나비가 되는 영광을 가져다 주는 과정인 것이다. 인생의 고난을 피하려고만 하지 말자. 고난의 어두운 터널을 통과할 때만이 진정한 성숙의 빛을 볼 수 있기 때문이다.

The Art of Living
인생에도 질서가 있다

    인간은 자연법칙에 의존하는 존재인 동시에 자연과 자아를 초월하는 존재이기도 하다. 속박되어 있으면서도 자유를 추구하는 인간은 불안을 떨쳐내지 못한다. 삶과 죽음, 빛과 어둠, 시작과 끝, 위대함과 비참함 사이에 놓인 인간은 분명 혼란을 경험한다. 인간은 이러한 양면성을 거부할 때 문제가 생긴다.

    윌리엄 배럿이 쓴 『기술의 환상』(*Illusion of Technique*)이라는 책에 이런 내용이 있다. 하루는 거룩하신 예수님이 초원에서 풀을 뜯는 양떼를 보시고 그중 하나를 잡고 귀에다 무어라 말씀하셨다. 그 후로 그 양은 풀도 먹지 않고 물도 마시지 않았다. 며칠이 지나 예수님이 다시 그 초원을 지나가시면서 그 양을 가리키며 목자에게 물으셨다. "저 양은 아픈가? 왜 다른 양들처럼 풀을 뜯지도 않고 물을 먹지도 않는가?" 예수님을 알아보지 못한 목자는 대답했다. "이 길을 지나가던 어떤 사람이 저 양의 귀에 대고 무어라 속삭인 후로 저렇게 정신을 차리지 못하고 멍하니 있습니다." 만일 당신이 그 거룩하신 예수님이 양의 귀에다 한 말을 알기를 원한다면 알려 주겠다. 예수님은 "죽음은 존재한다"라고 말씀하셨다. 죽음에 대한 이야기를 들은 그 양은 식음을 전폐하고 멍한 상태에 빠져들었던 것이다.

인간은 빛으로만 사는 존재라는 생각을 버려야 한다. 인간에게는 빛과 어둠이 함께 존재한다. 어두움을 아는 사람이라야 빛에 감사하고, 어두움을 인정하는 사람이라야 빛을 볼 수 있다. 우리의 깨어짐이 우리를 온전하게 한다. "깨진 마음을 가진 사람만큼 온전한 이는 없다"라고 사소브의 모세 라이브는 말했다. '온전'이라는 말이 '깨지지' 않는 마음, 고통이 없는 상태를 의미하지 않기 때문이다. 낮과 밤, 밝음과 어두움의 공존이 자연의 질서이듯 인생에도 질서가 있다. 인생의 질서를 인정하지 않는 사람은 형통할 때에도 만족을 누리지 못하고, 실패할 때에도 지혜를 얻지 못한다. 인생은 끊임없는 전쟁이다. 그것이 때로는 영적이기도 하고 때로는 인간적이기도 하다. 어딘가에 도달하기 위한, 무언가를 성취하기 위한 끝나지 않는 싸움이다. 우리의 인생살이 안에서 이것 아니면 저것이라는 식의 이분법으로 모든 것을 나눈다면 우리는 자연스럽게 균형을 잃게 될 것이다.

The Art of Living
결혼 공식

하나님이 아담을 창조하시고 나서 아담이 외롭게 독처하는 것을 보시고 하와를 보내셨을 때, 아담은 "이는 내 뼈 중의 뼈요 살 중의 살이니라"고백했다. 최초의 남자가 최초의 여자에게 최초로 한 말이다. 당신을 내 생명처럼 사랑하겠다는 고백이다. 어떤 지혜자는 "가장 연약한 부분을 드러내고도 전혀 부끄럽지 않을 수 있는 대상은, 이 세상에 오직 하나님과 배우자 뿐"이라고 했다. 결혼은 인생에서 가장 소중한 사람을 만난 축복이다. 지구상에 수많은 사람 가운데 부부가 된다는 것은 귀한 일이 아닐 수 없다. 어쩌다가 이루어진 만남과 사랑이 아니다. 부부는 평생 동안 아담과 같은 고백을 하며 살아야 한다.

결혼은 한 남자와 여자가 만나 연합하는 것이다. 연합이란 단순한 결합이 아니라 서로가 서로에게 속하는 존재가 된다는 의미이다. 배우자에게 100% 헌신하는 것이 진정한 연합이다. 서로의 단점은 있는 그대로 용납하고 보완하여 완전을 향해 함께 나아가는 것이 연합이다. 부부란 어떤 경우에도 분리될 수 없다. 죽음 외에는 둘을 갈라놓아서는 안 된다. 성경은 "하나님이 짝지어 주신 것을 사람이 나누지 못할지니라"고 했다.

결혼은 둘이 한 몸을 이루는 것이다. 결혼은 독특한 공식을 갖는다. 수학 공식은 하나 더하기 하나는 둘이지만 결혼 공식은 하나 더하기 하나는 둘이 아니라 하나다. 여기에 결혼의 신비가 있다. 불완전한 반쪽이 드디어 결혼을 통해 온전함을 이루게 되는 것이다. 따라서 부부는 서로 이해하고 돕고 격려하면서 살아야 한다.

부모를 공경하는 부부가 되어야 한다. 부모를 하늘처럼 섬기는 자녀들이 되어야 한다. 이것은 자녀들의 마땅한 도리이다. 부모에게 효도하는 좋은 방법 중 하나는 부부로서 서로 사랑하며 사는 것임을 또한 기억해야 한다.

밝고 명랑하고 건강하게 장수하는 결혼 생활이 되어야 한다. 미국의 스탠포드 대학 의학팀은 아내와 행복하게 살아야 남자가 건강하게 오래 살 수 있다고 보고했다. 이 대학의 연구원들이 여러

쌍의 부부를 골라 A그룹과 B그룹으로 나누어 관찰을 했다. A그룹은 매일 십여 차례씩 서로 쓰다듬어 주고 포옹하도록 하고, B그룹은 반대로 일체의 신체 접촉을 금지시켰다. 이러한 방법을 1년 동안 시행한 후에 연구원들은 두 그룹 사이의 신체적인 변화와 건강 상태를 살펴보았다. 그 결과 부부 사랑을 적극적으로 표현한 A그룹의 건강 상태가 B그룹보다 월등히 좋은 것으로 조사됐다. 반대로 부부 사랑을 표현하지 못한 부부들은 피부도 거칠고 맥박이 불규칙하며 불쾌지수가 일반인보다 세 배나 높은 것으로 나타났다. 부부의 건강과 수명은 부부가 서로 사랑을 표현하고 고마움을 표현하는 것과 비례한다. 부부는 하루에 한 번 이상 사랑을 표현하며 사랑을 고백해야 한다. 여자는 남편의 사랑을 먹고 살고 남자는 아내의 존중을 먹고 산다. 입술의 30초가 가슴의 30년이라는 말이 있다. 서로를 항상 축복하는 부부가 되어야 한다.

아랍 속담에 "여자는 자기가 사랑하는 남자와 결혼하는 것보다 자기를 사랑해 주는 남자와 결혼하는 것이 낫다"는 말이 있다. 아내는 남편의 사랑을 먹고 사는 것이다. 결혼하게 되면 가정을 생명처럼 사랑하고 지키는 것이 남자의 도리다. 가정을 사랑으로 잘 경영하는 사람은 무엇이든지 잘할 수 있는 사람이다. 사랑에 능한 사람은 무엇에든지 능할 수 있다. 아내는 아름다운 한 송이 장미와 같다. 장미를 품으려면 장미와 함께 가시도 품어야 한다. 사랑은 인내와 함께 더 충만해지고 온전해진다. 사랑의 알파와 오메가는 오래 참는 것이다. 여자가 기억해야 할 것이 있다. 남자는 여인의 칭찬과 인정해 주는 언어를 먹고 산다. 남자에게 여인의 칭찬은 산소와 같은 것이다. 아내는 신선한 공기로 가득한 가정이 되도록 해야 한다. 존 피셔는 "결혼의 성공 여부는 '맞는 사람'을 발견하는 데 있지 않고, 자기가 결혼한 사람에게 적응할 수 있는 능력에 달려 있다"고 했다.

현재에 만족하는 부부가 되어야 한다. 세상을 살아가는 동기와 자세에 의해 세 가지 등급의 인생으로 나누어진다. 먼저 3등급 인생은 과거에 매여 현재를 사는 것이다. 2등급 인생은 미래에만 매달려 현재를 사는 것이다. 이런 사람은 뜬구름만 잡는다. 노력하지 않는다. 하지만 현재가 없는 미래란 있을 수 없다. 1등급 인생은 현재에 만족하며 꿈을 가지고 하루하루를 사는 것이다. 오늘 내가 만나는 사람이 제일 중요하다고 생각하며 사는 인생이다. 오늘 만족하지 못하면 내일도 만족하지 못한다. 오늘이 제일 행복하다고 생각하며 사는 사람이 1등급 인생이다.

여호와를 경외하는 부부가 되어야 한다. 함께 기도하는 부부가 되어야 한다. 기도는 행복의 창고를 여는 열쇠와 같다. 아침 햇살을 받기 전 기도로 무장하고 잠자리에 들기 전 기도로 하루를 마무리하는 부부는 아름답다. 무엇보다도 이 세상에 사는 동안 하나님과 사람들에게 사랑받는 부부가 되기 위해 기도하며 살아야 한다.

The Art of Living
초승달과 보름달

백제의 마지막 왕인 의자왕 때 이상한 거북이가 잡혔다. 거북이 등에 "신라는 초승달이요 백제는 보름달"이라고 쓰여 있었다. 여러 사람이 왕을 찾아와 백제는 보름달이니 계속해서 왕성하고 신라 같은 나라와는 비교될 수 없다는 그럴듯한 해석을 했다. 왕과 신하들은 달콤한 말에 속아 보름달이 만년 동안 밝을 줄만 알았다. 다음날부터 보름달은 기울기 시작하고 초승달은 점점 밝아진다는 진리를 몰랐다. 초승달은 자랑할 것이 없다. 어둡기도 하지만 내일은 더 크고 좀 더 밝아져야 하기 때문에 자랑할 여유가 없다. 보름달은 그렇지가 않다. 여유가 있다. 정상에 있기에 자칫 자만에 빠지기가 쉽다. 우리의 삶은 초승달처럼 점점 더 밝아지고 나아져야 한다. 멈춰 서면 빛을 잃게 된다. 아름다운 사람은 보름달이 되어서도 아직 초승달인 것처럼 자랑하지 않는다. 태양의 찬란한 빛 앞에서는 아직도 초승달인 것처럼 아무것도 아니란 것을 알기 때문이다.

보통 보름달은 아름답게 여겨지고 초승달은 초라하게 여겨지지만 달의 모양은 단지 달의 여정의 순간일 뿐이다. 모양에 따라 달의 가치가 변하는 것은 아니다. 인생도 달과 같이 흥함과 쇠함이 교차하지만 그것은 여정일 뿐이다. 중요한 것은 자세다. 비가 하늘에서 내릴 때 양동이로 물을 받기 위해서는 양동이가 바르게 놓여야 한다. 거꾸로 뒤집어져 있으면 물 한 방울 들어가지 않는다. 다이아몬드로 된 양동이라 할지라도 바르게 놓여 있지 않으면 물 한 방울 받을 수 없다. 비록 플라스틱으로 만든 양동이라도 바르게 놓여 있으면 물을 가득히 채울 수 있다. 모양보다도 더 중요한 것은 자세다.

너새니얼 호손의 소설 『주홍글씨』가 있다. 소설의 여주인공 헤스터 프린은 간통을 저지른다. 그 대가로 그녀는 공개적인 모욕을 당하고 사회로부터 격리되는 처벌을 받는다. 그녀의 옷에는 간통(Adultery)을 의미하는 'A'라는 커다란 글자가 수놓아진다. 마을 사람들 모두 그녀가 어떤 사람인지를 알 수 있도록 하기 위해서였다. 그러나 그녀는 자신의 과거를 초월하기로 선택한다. 혼자서 자신의 딸을 기르면서 가능한 평화롭게 살아가기 위해 최선을 다하기로 선택한다. 기회가 닿는 대로 다른 사람을 돕고 사회에 봉사한다. 10년이 지나자 마을의 아이들은 헤스터의 옷에 수놓은 'A'라는 글자가 천사(Angel)를 의미하는 것이라고 생각하게 된다.

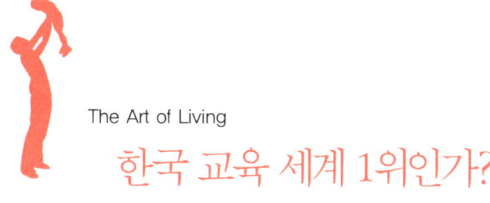

The Art of Living
한국 교육 세계 1위인가?

 PISA가 OECD 국가의 중고등학생들의 학습 능력 평가 결과를 발표하였다. PISA의 평가 문제는 학교에서 배운 지식 그 자체를 묻는 것이 아니라 지식을 적용하고 활용하는 문제였다. OECD 국가 가운데 한국 학생들의 평가 결과는 단연 선두권이었다. 미국 학생들은 수학 평가에서 28위를 차지했다. 한국 학생들의 결과가 우수하게 나타난 이유가 있다. 한국의 교육의 특징은 기본 개념을 이해하거나 기본 지식을 효과적으로 습득하도록 교육한다는 것이다. 특히 한국의 수학 교과서는 개념 설명이 체계적이다. 한국의 수학교육은 학생들에게 수학적 원리를 가르치고 그 원리를 적용하도록 가르친다. 한국 학생들은 다른 나라 학생들에 비해 공부량이 월등히 많다. 보통 밤 11시까지 공부한다. 2004년의 통계의 경우 73만 명 이상의 학생이 방과 후 학원에 다닌다. 한국의 경우 초등학생의 절반 이상이 학원에 다니고 수학 등 선행학습 비율이 높다. 한국의 학교 교육도 많이 달라졌고, 계속 변화되고 있다. 사고성과 창의성 계발 중심 교육으로 바뀌고 있다. 사고력과 표현력을 요하는 교육을 시행하고 있다. 경험과 체험 중심의 교육 방법이 시행되고 있다. 지식을 암기하는 식의 교육은 피하고 있다. 학습 내용보다는 학습 과정을 중요하게 여기는 교육 방향으로 바뀌고 있다. 초등학교에서 열린 교육 운동이 일어나고 있다. 문제 해결 능력을 중요시하는 교육을 하고 있다.

그러나 우리가 눈여겨 보아야 할 것은, PISA 평가에서의 한국 학생들의 학습 심리 평가 결과다. 한국 학생들의 수학 과목 평가 결과는 3위였지만 학습 심리 평가에서는 31위였다. 한국 학생들은 수학 공부를 하면서 흥미나 즐거움을 갖지 못하고 있다는 평가다. 이러한 결과는 심각한 것이다. 학습의 목표에는 두 종류가 있다. 즉 학습목표와 평가목표이다. 학습목표 중심의 학생과 평가목표 중심의 학생을 선별하기 위해 퍼즐을 풀도록 하였다. 학생들에게 난이도 1단계에서 10단계까지의 다양한 퍼즐을 정해진 시간 안에 풀어 보게 하였다. 주어진 퍼즐 가운데 하나의 퍼즐을 선택하게 하였는데, 어떤 학생은 쉬운 퍼즐을 선택하고 어떤 학생은 가장 풀기 어려운 퍼즐을 선택하였다. 주로 평가목표 중심의 학생은 쉬운 퍼즐을 선택하고, 학습목표 중심의 학생은 풀기 어려운 퍼즐을 선택하였다. 즉 학습목표 성향의 학생은 어려운 문제를 선택하였고, 새로운 것에 도전하고 창조적인 성향의 모습을 보여 주었다. 평가목표 성향의 학생은 쉽고 편안한 문제를 선택하였고, 두려워하고 부정적인 태도를 보여 주었다. 서울 지역의 경우, 학습목표 성향의 학생은 초등학생 때는 50%가 넘었다. 하지만 중고학생이 되면서 학습목표 성향이 급격하게 낮아지고 평가목표 성향 중심으로 변하였다. 이는 결과만 중요하게 여기는 경향 때문이기도 하다. 학습 결과가 나쁘면 좋은 대학에 갈 수 없고, 좋은 대학에 들어가지 못하면 자기 인생이 실패자의 인생이 된다고까지 여긴다.

한국의 서울대 학생들과 프랑스의 소르본대 학생들의 평가목표 성향은 20% 이상 차이가 났다. 즉 서울대 학생들의 경우 실패에 대한 두려움이 소르본 대학생들보다 20% 이상 높았다. 이는 결과만 가지고 평가하려는 한국의 교육 풍토 때문이기도 하다. 쉬운 문제와 어려운 문제 중 어느 문제를 선택할 것인가를 물었을 때, 어려운 문제를 선택하는 한국 대학생들은 적었다. 이는 평가목표와 학습목표 중 평가목표를 지나치게 중요하게 여기는 한국 대학생들의 성향 때문이기도 하다. 하지만 프랑스 소르본 대학생들은 새로운 문제에 더 많이 도전하고 실패를 두려워하지 않았다. 또한 핀란드의 경우 평가 순위에서도 우수했고 학습 동기 역시 높게 나타났다. 그들은 학생들을 성적 결과에 따라 줄 세우지 않기 때문이다.

결과, 즉 평가목표 중심의 교육은 학생들로 하여금 심리적 압박감을 갖게 하기 때문에 공부에 대해 부정적인 인식을 갖게 하고 흥미를 잃어버리게 한다. 학창 시절은 단지 하나의 과정에 불과하다. 이러한 학습 문화는 평생교육의 중요성에 큰 장애 요인으로 나타나기도 한다. 학교를 떠나면 배우려 하지 않는다. 왜냐하면 공부는 그들에게 재미없는 것으로 인식되었기 때문이다. 한국 학생들의 경우 학습의 결과는 세계 1위 수준이지만 학습 심리적 태도는 세계 최저의 수준으로 나타났다.

김승기는 『2008 한인 명문대생 연구』에서 미국 명문대에 진학한 한인 학생의 대학 중퇴율이 44%라고 밝혔다. 이 비율은 미국 학생 평균 중퇴율인 34%를 크게 웃도는 것이며, 유대인 학생 12.5%, 인도인 학생 21.5%, 중국인 학생 25% 등과 비교해도 월등히 높은 수치였다. 미국 명문대에서 한인 학생의 중퇴율이 높은 이유는 공부 목표에 있다고 볼 수 있다. 보통 많은 한인 학생의 공부 목표가 명문대에 진학하는 것이다. 원하는 학교에 진학하고 나면 목표를 이루었기 때문에 학습의 동기가 약화되기 쉽다. 또한 학습의 과정과 결과 모두를 중요시 여기기보다는 지나치게 결과에 가치를 두는 경향 때문이다. 학습 결과에 지나치게 치중할 때 학습하는 즐거움을 상실하게 된다. 학업의 지속성을 현저히 약화시키는 결과를 초래하기 쉽다. 학업의 성취도를 좌우하는 것은 인지적 능력과 함께 감성적 능력도 중요하게 작용하기 때문이다 (2005년 4월 9일 KBS에서 방영한 내용을 중심으로 정리한 내용이다).

The Art of Living
많이 걷는 사람이 많은 책을 읽는다

일본에서 높은 인기를 누렸던 작가 나카타니 아키히로는 『30대에 하지 않으면 안 될 50가지』라는 책을 썼다. 이 책에서 아키히로는 일본인의 특징은 창의력이 아닌 실천력이라고 말한다. 다른 사람의 아이디어라고 해도 그것이 좋아 보이면 기꺼이 받아들여서 모방하고, 거기서 업그레이드된 발전된 모방을 이뤄낸다는 것이다. 좋은 것이 있다면 전부 자기 것으로 받아들이는 실천력이야말로 그들의 힘이라는 것이다. 아키히로는 그의 책에서 많이 걷는 사람이 많은 책을 읽는다고 했다. 노상 앉아 있으려고 하고 몸을 많이 움직이지 않는 사람이 책을 더 많이 읽을까? 그렇지 않다. 실제로 많이 걷는 사람이 책을 더 많이 읽는다. 왜 그럴까? 걷는 사람에게 실천력이 있고, 실천력 있는 사람이 책을 읽기 때문이다. 실천력 없는 사람은 한 번 읽고 끝내려는 마음으로 책을 읽기 때문에 졸음이 쏟아지지만, 실천하겠다고 마음먹은 사람은 실천할 거리를 찾느라 열심히 책을 읽는다. 실천하려는 의지가 책을 보는 자세까지 바꾸는 것이다.

19세기와 20세기에 서양 문명은 동양권을 압도하기 시작했다. 1840년 아편전쟁을 기점으로 중국은 힘없이 무너지고 말았다. 세계를 호령하던 중국이 왜 갑자기 종이호랑이로 전락해 버렸는가? 문명으로 따진다면 13세기까지 중국은 분명 유럽을 앞서고 있었다. 그러나 중국은 앞선 문명과 다방면의 지식을 가지고도 그것을 백방으로 활용하지 못했다. 쓸데없이 중화사상에 빠져 세상에서 자기 나라가 최고라고 여기고 다른 나라 발전상을 돌아볼 필요를 느끼지 못했다. 실제적인 삶 가운데 지식을 연결시키는 실천력에서 서양에 크게 뒤진 것이다. 화약은 중국이 만들었지만 현대식 총포를 만들어서 그 화약을 활용한 것은 서양이었다.

어느 한국 목사님이 미국에서 생활하다 한국교회를 방문하여 금요 심야기도회에 참석했다. 은혜롭고 너무도 감동적이었다. 열정적으로 찬양하는 성도들의 모습을 보면서 대단한 감동을 받았다. 그런데 금요 심야 기도회가 끝나고 성도들이 집으로 돌아가는데, 한 사람도 교회 앞에 있는 육교를 이용해 길을 건너는 사람이 없고 모두 육교 밑으로 건너는 모습을 보면서 받은 은혜를 다 까먹어 버렸다는 이야기를 읽은 적이 있다. 실천이 있는 곳에 발전이 있고 감동이 있다.

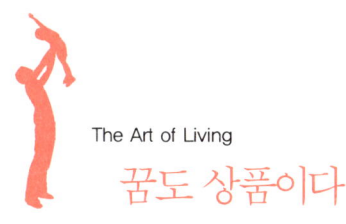

The Art of Living
꿈도 상품이다

꿈과 비전이 사람들에게 미치는 영향에 대한 흥미로운 조사 결과가 있다. 미국의 한 기관에서 사람들에게 "미래에 대해 어떠한 계획을 갖고 있느냐"고 질문했다. 응답자 가운데 60%는 아무 계획 없이 시간이 흘러가는대로 산다고 했다. 27%는 앞으로 어떻게 먹고살 것인지 경제적인 부분에 대해 계획해 본 적이 있다고 했다. 나머지 10%는 앞으로 어떤 꿈을 위해 시간을 보낼 것인지를 구체적으로 생각해 본 적이 있다고 했고, 3%는 그 계획을 직접 기록해 놓은 문서를 가지고 있다고 했다. 흥미로운 것은 응답 내용이 아니라 그렇게 응답한 사람들의 실제 생활이다. 우선 아무 계획도 없이 산다고 대답한 60%의 사람들은 모두 정부나 민간단체로부터 생활 보조금을 받아가며 생활하는 사람이 되었다. 경제적인 부분을 계획하고 있다고 말한 27%는 하루 벌어 하루 먹는 일용직이나 월급에 의존해 살아가는 샐러리맨이었다. 하지만 미래에 대한 구체적인 계획을 갖고 있다고 응답했던 10%의 사람들은 전문직에 종사하며 삶의 풍요를 누리고 살았고, 인생의 계획을 문서로 남겨 놓았다고 말한 3%는 각계각층에서 현재 미국 사회를 이끌어가는 지도층이 되었다. 비전의 힘을 일깨워 주는 내용이다. 세상을 움직이는 것은 돈이나 지식이 아니라 비전과 꿈을 가진 사람들에 의해서다. 아무리 좋은 지식을 가지고 있다고 하더라도 꿈과 비전이 없으면 그 지식은 묻힌다.

미래학자 짐 데이토는 정보화 시대는 앞으로 50년 정도 지속되다가 꿈의 시대로 진입한다고 예측했다. 그때는 정보보다도 더 중요한 것은 꿈이요 희망이라고 했다. 후기 정보화 시대는 꿈의 시대다. 꿈의 시대가 오면 꿈과 희망도 하나의 중요한 상품이 된다. 사람들은 상품 하나를 살 때도 꿈과 희망을 중요한 가치 기준으로 삼는다. 미래 사회가 더 철저하게 물질적 가치가 지배하는 사회로 진입할 것 같지만 미래 사회는 물질 사회를 넘어 정신적 가치를 추구하는 사회로 나아가게 될 것이다. 이러한 현상만 봐도 성경이 가르치는 메시지가 얼마나 가치 있는 것인가를 깨닫게 된다. 성경은 꿈이 없는 백성은 방자히 행한다고 말한다.

우리는 선한 꿈과 희망을 가져야 한다. 사람들에게 희망을 이야기하는 사람들이 되어야 한다. 자녀들에게 희망을 이야기해 주고 희망을 선포해야 한다. 너는 안 된다고 선포해서는 안 된다. 우리가 만나는 사람들에게 당신은 하나님이 함께하시기 때문에 당신에게는 희망이 있다고 선포해야 한다. 단테의 『신곡』에 보면 지옥의 입구에 이런 글귀가 새겨져 있다고 했다. "여기에 들어오는 자는 일체의 희망을 버리라." 희망을 버리는 곳이 지옥이다. 일체의 희망이 단절된 장소가 바로 지옥이다. 한편 희망을 선포하는 곳이 천국이다. 선한 희망을 가진 사람들이 그 나라의 백성이다.

축구 선수 이영표가 사우디 알 힐랄 축구팀으로 옮겨 갔다. 이영표 선수가 알 힐랄로 이적하기로 한 후 이 팀의 구단주가 이영표 선수에게 "내가 너의 소원을 하나 들어줄 테니 말해 보라고 했다"고 한다. 알 힐랄 팀의 구단주는 사우디 국왕의 아들로 세계 4대 갑부이다. 이영표 선수는 "한국에서 목사님이 선교사로 올 수 있도록 비자를 내 주시라"고 했다고 한다. 사우디는 이슬람 국가이기 때문에 한 번도 기독교 선교사에게 비자를 준 적이 없었다. 너무도 아름답고 귀한 꿈이요 희망이다.

Bibliography
참고문헌

참고문헌

Barrett, William. *Illusion of Technique: A Search for Meaning in a Technological Civilization*. New York: Doubleday, 1979.

Cherry, Reginald. *Healing Prayer: God's Divine Intervention in Medicine, Faith, and Prayer*. Nashville, Tennessee: Thomas Nelson Publishers, 1999.

Durant, Will and Durant, Ariel. *The Lessons of History*. Cambridge: Simon & Schuster Ltd, 2010.

Fromm, Erich. *The Art of Loving: Classics of Personal Development*. New York: Thorsons, 2010.

Gardner, Howard. *Multiple Intelligence*. New York: HarperCollins, 1993.

Goleman, Daniel. *Emotional Intelligence*. New York: Bantam Books, 1996.

Goleman, Daniel. *Social Intelligence: The New Science of Human Relationship.* Northumberland: Hutchinson, 2006.

Kubler-Ross, Elisabeth and Kessler, David. *Life Lessons: How Our Morality Can Teach Us About Life and Living.* Cambridge: Simon & Schuster Ltd, 2001.

Kurtz, Ernest and Ketcham, Katherine. *The Spirituality of Imperfection: Storytelling and The Journey to Wholeness.* London: Bantam Books, 1994.

Leech, Kenneth. *Soul Friend: A Study of Spirituality.* London: Sheldon Press, 1985.

Moore, Thomas. *Care of Soul: A Guide for Cultivating Depth and Sacredness in Everyday Life.* New York: HarperCollins Publishers, 1992.

Nelson, Alan E. *Spiritual Intelligence: Discover Your SQ - Deepen Your Faith.* London: Baker Books, 2009.

Peterson, Eugene H. *Christ Plays in The Thousand Places: A Conversation in Spiritual Theology.* Grand Rapid: Eerdmans, 2005.

Ramsey, Ian T. *Models and Mystery.* Oxford: Oxford University Press,

1964.

Rookmaaker, Hans R. *Art Needs No Justification.* Vancouver: Regent College Publishing, 2010.

Willard, Dallas. *Renovation of the Heart: Putting on the Character of Christ.* Dowers Grove: IVP, 2002.

Zohar, Danah and Marshall, Ian. *SQ Spiritual Intelligence: The Ultimate Intelligence.* New York: Broomsbury Publishing, 2000.

M. 스캇 펙. 『아직도 가야할 길』 신승철, 이종만 옮김. 서울: 열음사, 2007.

고든 맥도날드. 『내면세계의 질서와 영적성장』 홍화옥 옮김. 서울: IVP, 2004.

나사니엘 호손. 『주홍글씨』 조승국 옮김. 서울: 문예출판사, 2004.

나카타니 아키히로. 『30대에 하지 않으면 안 될 50가지』 이선희 옮김. 서울: 바움, 2006.

데일 카네기. 『근심이여 안녕』 이윤모 옮김. 서울: 대한기독교서회, 1969.

레오 톨스토이. 『신앙론』 김병철 옮김. 서울: 을류문화사, 1986.

마르틴 부버. 『나와 너』 김천배 옮김. 서울: 대한기독교서회, 1973.

마리오 마론. 『애착이론과 심리치료』 이민희 옮김. 서울: 시그마프레스, 2007.

미우라 아야코. 『빙점』 최현 옮김. 서울: 범우사, 2004.

샤를르 드 푸코. 『주님과 똑같이』 이동진 옮김. 서울: 해누리, 2005.

신지은, 박정훈 외 3인. 『세계적 미래학자 10인이 말하는 미래혁명: 행복한 미래 불행한 미래』 서울: 일송북, 2007.

제임스 휴스턴. 『기도: 하나님과의 우정』 김진우 외 옮김. 서울: IVP, 1998.

존 맥스웰. 『함께 승리하는 신뢰의 법칙』 (주)웨슬리퀘스크 옮김. 서울: 12세기북스, 2006.

최창국. 『영성형성과 돌봄을 위한 영성신학』 서울: 대서, 2010.

최효섭. 『명상록』 서울: 쿰란출판사, 1996.

토마스 그룸. 『생명을 위한 교육』 김도일 옮김. 서울: 한국장로교출판사, 2001.

폴 투르니에. 『강자와 약자』 정동섭 옮김. 서울: IVP, 2000.

폴 투르니에. 『고통보다 깊은』 오수미 옮김. 서울: IVP, 2004.

헨리 나우웬. 『영성수업』 윤종석 옮김. 서울: 두란노, 2007.

호아킴 데 포사다, 엘렌 싱어. 『마시멜로 이야기』 김경화 옮김. 서울: 한국경제신문사, 2009.